山西古村镇系列丛书

山西省住房和城乡建设厅组织编写

大阳古镇

薛林平 李迅 董竞瑶
刘吉利 李天任 于丽萍 著

中国建筑工业出版社

图书在版编目(CIP)数据

大阳古镇/薛林平等著．—北京：中国建筑工业出版社，2012.8
（山西古村镇系列丛书）
ISBN 978-7-112-14430-3

Ⅰ.①大… Ⅱ.①薛… Ⅲ.①乡镇-概况-泽州县 Ⅳ.①K922.54

中国版本图书馆CIP数据核字（2012）第135914号

责任编辑：费海玲
责任设计：董建平
责任校对：刘梦然　刘　钰

山西古村镇系列丛书
山西省住房和城乡建设厅组织编写
大阳古镇
薛林平　李　迅　董竞瑶　刘吉利　李天任　于丽萍　著
*
中国建筑工业出版社出版、发行（北京西郊百万庄）
各地新华书店、建筑书店经销
北京方舟正佳图文设计有限公司制版
北京画中画印刷有限公司印刷
*

开本：787×960毫米　1/16　印张：17　字数：313千字
2012年9月第一版　2012年9月第一次印刷
定价：65.00元
ISBN 978-7-112-14430-3
　　　(22479)

版权所有　翻印必究
如有印装质量问题，可寄本社退换
（邮政编码 100037）

《山西古村镇系列丛书》

主　编：李俊明　李锦生
副主编：于丽萍　张　海　薛林平

《大阳古镇》

著　者：薛林平　李　迅　董竞瑶
　　　　刘吉利　李天任　于丽萍

丛书总序

我曾多次到过山西，这里丰富的历史遗存和深厚的人文底蕴，令人赞叹，给人的印象非常深刻。山西省建设厅张海同志请我为《山西古村镇系列丛书》作个序，在这里我就历史文化遗产和古村镇保护等有关问题谈一些粗浅的想法。

国际经济社会发展的经验证明，一个国家城镇化水平达到30%以后，城镇化进程不断加快，随之出现城市建设的高潮；人均生产总值达到1000～3000美元时，进入经济发展的黄金期，也是多种矛盾的爆发期，这个时期不仅可能引发各种社会矛盾，还会出现许多问题。我国城镇化水平2003年就已经超过了40%，人均生产总值2006年已经超过了2000美元，国民经济快速发展，城镇化进程不断加速；在城市建设日新月异的发展中，中央又审时度势提出了"两个趋势"的科学判断，作出了加强小城镇和新农村建设的决策。过去，我国城市的大批建筑遗存，正是在大搞城市建设中遭到毁灭性破坏。现在，我国农村许多建筑遗产，能否在小城镇和新农村建设中有效保护，正面临着严峻考验。处理好小城镇和新农村建设与古村镇保护的关系，保护祖先留下的非常宝贵、不可再生的文化遗产，是历史赋予我们义不容辞的责任。

对于建筑历史文化遗产的保护，人们的观念不断创新、思路逐步调整、方法正在改进，从注重官府建筑、宗教建筑的保护，向关注平民建筑保护的转变；从注重单体建筑的保护，向关注连同建筑周边环境保护的转变；尤其是近年来，特别关注古村镇的保护。因为，古村镇是区域文化的"细胞"，是一个各种历史文化的综合载体，不仅拥有表现地域、历史和民族风情的民居建筑、街区格局、历史环境、传统风貌等物质文化遗产，还附着居住者的衣食起居、劳动生产、宗教礼仪、民间艺术等非物质文化遗产。我国现存有大量的古村镇，其历史文化价值和社会经济价值都是巨大的，按照英格兰的统计方法，古村镇的价值应占到GDP的30%以上。然而，认识到这一点的人并不多，甚至有人认为古村镇、古建筑是社会发展的绊脚石，这种观点对于文化的传承和社会的进步都是极为不利的。在快速推进的城乡建设浪潮中，我们所面临的最大问题就是，大批历史古迹被毁坏，大批古村镇被过度改造，使中华民族的历史文化遗产严重损坏。在这个时候提出古村镇的保护，实际上是一项带有抢救性的工作。

2008年1月1日开始实施的《城乡规划法》，突出强调了保护历史文化遗产的重要性；2008年4月又颁布了《历史文化名城名镇名村保护条例》。历史文化名城保护工作已开展近30年，历史文化名镇名村保护工作也已启动，现在大家基本达成共识，保护有价值的古村镇，其实就是"保护文化遗产，弘扬优秀的传统文化……保持民族性，体现时代性"。但是，当前全国历史文化村镇保护的形势仍然不容乐观，保护工作极不平衡，一些地方还未认识到整体保护历史文化村镇的重要性，忽视了周边环境风貌和尚未列入文物保护单位的优秀民居的保护，制定和完善保护历史文化村镇规划的任务还十分艰巨；一些地区片面追求经济效益，对历史文化村镇进行无限度、无规划的盲目开发；一些地方擅自改变国有文物保护单位的管理体制，交给企业经营管理。

作为华夏文明的发祥地之一，山西有着丰厚的文化积淀和历史遗存，不仅有数量众多的古建筑，还保存有大量的古村镇。由于山西历史悠久、民族聚居、文化融合、地形差异等多因素影响，再加之较为发达的古代经济，建造了大量反映农耕文明时代、各具特色的古村镇。这些古村镇，一是分布在山西中部汾河流域，以平遥古城为中心，以晋商经济为支撑，体现晋商文化特色；二是分布在晋城境内沁河流域，以阳城县的皇城、润城为中心，以冶炼工业及商贸流通为支撑，体现晋东南文化特色；三是分布在吕梁山区黄河沿岸，以临县碛口古镇为中心，以古代商贸流通、商品集散为支撑，体现晋西北黄土高原文化；四是沿山西省内外长城，在重要边关隘口，以留存了防御性村堡，体现边塞风情和边关文化，在山西统称为"三河一关"古村镇。这些朴实生动和极富文化内涵的古村镇，是人类生存聚落的延续，是中国传统建筑的精髓；保存有完整的古街区、大量的古建筑，体现着先人在村镇选址、街区规划、院落布局、建筑构造、装饰技巧等方面的高超水平；真实地反映了农耕文明时代的乡村经济和社会生活，凝聚了劳动人民的智慧，沉淀了中华民族的优秀文化，传承了丰富的历史信息；具有浓郁的地方特色和很高的研究价值，是人类共同的文化遗产和宝贵财富。

山西省建设厅一直对古村镇及其文化遗产的保护非常重视，从2005年开始，对全省的古村镇进行了系统普查，根据普查的初步成果，编辑出版了《山西古村镇》一书；同年，主办了"中国古村镇保护与发展碛口国际研讨会"，并通过了《碛口宣言》。报请省政府下发了《关于历史文化名镇名村保护工作的意见》，并分两批公布了71个"山西省历史文化名镇名村"，其中18处已经成为"中国历史文化名镇名村"。为大部分古村镇制定了科学的保护规划，开展了多层次的保护工作，逐步形成了科学、合理、有效的保护机制。为了不断提高人们的保护意识，他们又组织编写了《山西古村镇系列丛书》。本系列丛书撷取山西有代表性的古村镇，翔实地介绍了其历史文化、选址格局、建筑特色、非物质文化遗产，内容较为丰富。为了完成书稿的写作，课题组多次到现场调查，在村落中居住生活了相当一段时间，积累了大量第一手资料。通过细致的测绘图纸和生动的实物照片，可以看到他们极大的工作热情和辛勤劳动。这套丛书不仅是对古村镇保护工作的反映，更有助于不断增强全社会的文化遗产保护意识。让我们以此为契机，妥善处理保护与发展的关系，做到科学保护、有效传承、永续利用历史文化遗产，不断开创历史文化名镇名村保护工作的新局面。

是为序。

住房和城乡建设部　副部长

目 录

丛书总序

第一章　历史文化 ··· 1
 一、概述 ··· 2
 二、历史沿革 ··· 6
  1.阳阿之源 ··· 6
  2.行政变革 ··· 6
  3.城镇演变 ··· 8
  4.影响因素 ··· 9
 三、商业重镇 ·· 11
  1.冶铁业 ··· 11
  2.兵器制造 ·· 13
  3.商号店铺 ·· 13
  4.大阳斗行 ·· 14
 四、非物质文化遗产 ·· 15
  1.手工制针 ·· 15
  2.大阳馔面 ·· 16
  3.大阳剪纸 ·· 17
  4.坩埚冶铁 ·· 17
  5.大阳面塑 ·· 17
  6.三斗三升芝麻官 ··· 18
  7.阳阿歌舞 ·· 20

第二章　空间格局 ··· 21
 一、村落的选址 ·· 22
  1.地理环境是村落选址的基础 ························· 22
  2.风水观念对村落选址的影响 ························· 24
 二、村落格局 ··· 25
  1.总体布局 ·· 25
  2.空间肌理 ·· 26
  3.街巷格局 ·· 29
  4.公共空间 ·· 41

第三章　居住建筑 ·· 49
　一、居住建筑概述 ·· 50
　　　1.分布及年代 ·· 50
　　　2.院落构成 ·· 54
　　　3.营造技术 ·· 59
　　　4.立面构成 ·· 61
　　　5.建筑风水 ·· 62
　二、张家院落 ·· 63
　　　1.院落背景 ·· 63
　　　2.空间格局 ·· 64
　　　3.道路格局 ·· 67
　　　4.主要院落 ·· 68
　三、裴家院落群 ·· 77
　　　1.院落背景 ·· 77
　　　2.空间格局 ·· 79
　　　3.主要院落 ·· 82
　四、常家院落 ·· 84
　　　1.院落背景 ·· 84
　　　2.空间格局 ·· 85
　　　3.常翰林院 ·· 88
　五、棋盘院 ·· 91
　　　1.院落背景 ·· 91
　　　2.空间格局 ·· 93
　　　3.主要院落 ·· 95
　六、君泰号 ·· 97
　　　1.院落背景 ·· 97
　　　2.空间格局 ·· 98
　　　3.主要院落 ·· 99
　七、段长官院 ·· 102
　　　1.院落背景 ·· 102
　　　2.空间格局 ·· 103
　　　3.主要院落 ·· 105

八、王家大院 ······ 109
1. 院落背景 ······ 109
2. 院落格局 ······ 110
3. 王氏主宅 ······ 111
九、赵知府院 ······ 114

第四章 公共建筑 ······ 117
一、概述 ······ 118
二、庙宇建筑 ······ 121
1. 西大阳汤帝庙 ······ 121
2. 资圣寺 ······ 126
3. 吴神庙 ······ 129
4. 祖师庙 ······ 131
5. 开元奶奶庙 ······ 133
6. 东大阳关帝庙 ······ 133
7. 南河庵 ······ 136
三、阁楼建筑 ······ 137
四、其他公共建筑 ······ 141
1. 天柱塔 ······ 141
2. 贡院 ······ 146

第五章 装饰艺术 ······ 147
一、门枕石 ······ 148
二、抱鼓石 ······ 152
三、雀替 ······ 154
四、墀头 ······ 157
五、照壁 ······ 159
六、柱础石 ······ 164
七、门窗 ······ 168
八、压窗石、过梁及门槛石 ······ 174
1. 压窗石 ······ 174
2. 过梁 ······ 178
3. 门槛石 ······ 179

附录 ······ 181
附录1：历史建筑测绘图选录 ······ 181
附录2：碑文、诗文及史料选录 ······ 230
附录3：人物传记 ······ 256

后记 ······ 262

[第一章]

历史文化
LISHI WENHUA

一、概述

　　大阳镇位于山西省晋城市泽州县西北部，距离市区约22公里（图1-1），东接巴公镇，西邻下村镇，北靠马村镇，行政区域总面积为52.58平方公里。镇区东西长约5公里，南北宽约3公里，总面积15.58平方公里[1]。镇区境内历史建筑遗存非常丰富（图1-2，图1-3），亦有极具地方特色的手工业文化、仕官文化、商贸文化及民间艺术，且香炉山屏嶂西北，海泉山逶迤镇南，山泉四时不涸。2008年，大阳镇被列为中国历史文化名镇。2011年又获得了"中国民间文化艺术之乡"的称号。

图1-1 区位图

---

1 根据2000年第五次人口普查数据得知，镇内常住人口为7387户，人口总数28403人。
2 山西省晋东南行政公署翻印，泽州府志·方舆志十四图考。山西古籍出版社，1981。

图1-2 清雍正《泽州府志》泽州府境图

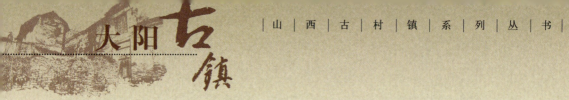

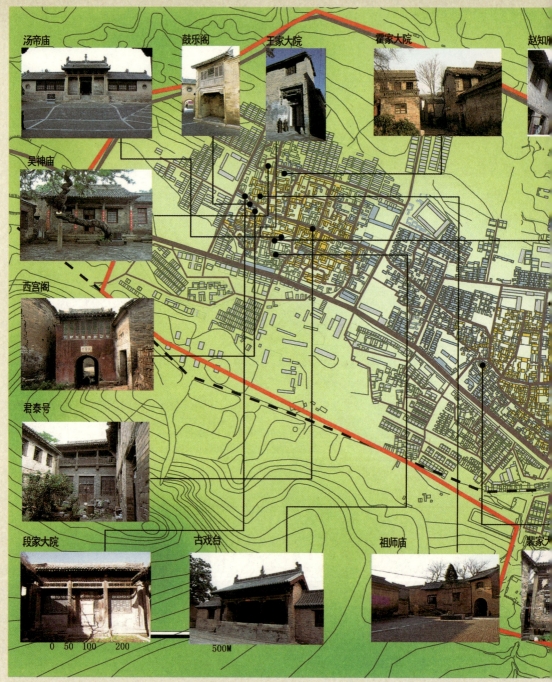

图1-3 遗产资源分布图

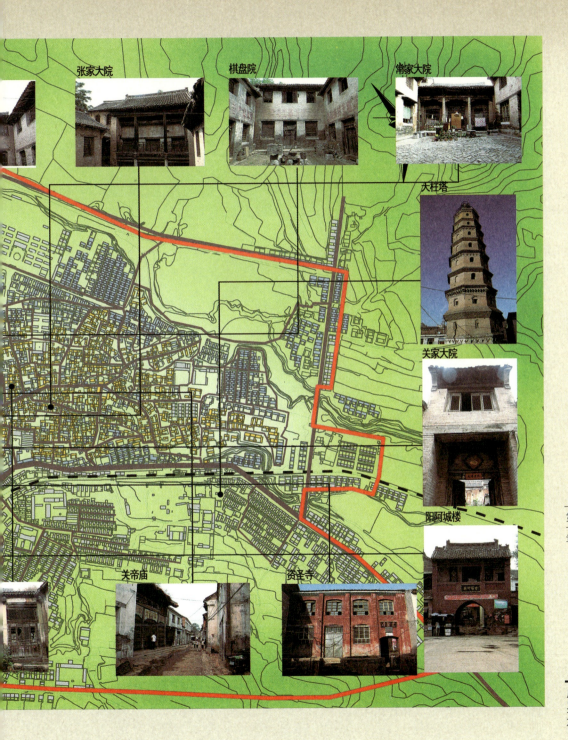

二、历史沿革

1. 阳阿之源

大阳,古称"阳阿"。"阳阿"之名的由来与流经此地的古阳泉水有关。据《水经注》载:"阳泉水出鹿台山,山上有水,渊而不流,其水东经阳陵城南,即阳阿之故城也。"又阳阿故城四周多山。《尔雅·释地》有曰:"大陵曰阿",此地故而因山水获名,称为阳阿。

据《水经注》载:"沁水南经阳阿县故城西……沁水又东南,阳阿水左入焉,水北出阳阿川"[1],又根据《图解水经注》记载:"阳阿水,即今山西省晋城县西长河"。[2]依据以上两处记载可推断"阳阿故城"应该处于今泽州县境内。又据《北周地理志》记载:"旧置阳阿县,今山西高平县南六十里"。[3]高平县南邻泽州县,因此"阳阿故城"应处于高平县以南,泽州北部,与今大阳镇所处的地理位置相符,再一次验证了"阳阿故城"地理位置应为今山西省大阳镇。[4]

1997年,山西省考古队曾在大阳后河北一分街大墓前一带发现大量绳纹大板块汉瓦残片,由此说明秦汉时期此地的建筑群已具有一定规模,与"阳阿故县"设置时间相吻合,推测为古阳阿城遗址。故依据多方史料记载及考古发掘,可以肯定,"阳阿故县"应为今山西省晋城市大阳镇。

2. 行政变革

大阳地区历史上行政更迭频繁。秦时设置阳阿县,属上党郡,据清康熙《泽州府志》[5]载:"秦置高都县属上党郡,秦置六县分属三郡,濩泽、端氏,属河东郡,泫氏、高都、阳阿属上党郡,沁水属河内郡。"

---

1 郦道元(北魏)著,《水经注》,商务印书馆,1933年,第74~75页。
2 李岫岩编译,《图解水经注》,陕西师范大学出版社,2010年。
3 王仲荦著,《北周地理志》,中华书局,1990年,第116~119页。
4 据中华书局1999年出版的《晋城市志》记载:"北魏太武帝太平真君十二年(公元451年),撤销阳阿县建置。北魏文成帝和平五年(公元464年)高都郡复称建兴郡。恢复阳阿县。治所在今晋城市大阳镇。"《晋城市志》中明确指出阳阿县"治所在今晋城市大阳镇"。
5 山西省晋东南行政公署翻印,泽州府志·方舆志十四图考,山西古籍出版社,1981年。

西汉初年于上党郡之高都分设阳阿侯国。《史记·高祖功臣侯者年表第六》记载："阳阿，属上党。阳阿齐侯卞䜣以中谒者从入汉，以郎中骑从定诸侯，侯五百户，功比高胡侯。七年十月甲子，齐哀侯元年……征和三年，十月，仁与母坐祝诅，大逆无道，国除。"阳阿封国之时为汉高祖七年（前200年），于征和三年（前90年）侯国被废，改为阳阿县。

据清雍正《凤台县志》[1]记载，魏文帝黄初元年（220年），阳阿复为侯国。魏齐王曹芳正始八年（247年）阳阿复改为县。西燕慕容永在位期间（386～394年）由上党郡分出建兴郡，置阳阿县，领濩泽、泫氏、高都、阳阿、端氏等县。北魏文成帝和平五年（464年），建兴改置高都郡，复阳阿县制。北魏孝文帝永安二年（529年）罢建兴，改建州，州治高都，领高都、长平、安平、泰宁四郡。高都郡领高都、阳阿二县。北齐天保七年（556年），并省州县，废阳阿。阳阿始以"阳阿故县"为镇名，属高都县领辖。隋开皇三年（583年）废郡制，改以州县，高平郡改置泽州，隋开皇十八年（598年），建州改称丹川县，废泽州，阳阿属丹川县管辖。唐高祖武德三年（620年），废丹川置晋城县，阳阿属建州。唐末、五代泽州属昭义军领地，梁晋之争或入梁或入晋。宋太宗至道三年（997年），分天下为十五路，泽州属河东道，大阳属泽州所辖。金天会六年（1128年），泽州改为南泽州。金天德三年（1151年），又复称泽州，大阳所属随泽州易。元大德九年（1305年），大阳归直属中书省晋宁路泽州晋城县管辖。明洪武元年（1368年）晋城并入泽州，属平阳府。洪武九年（1376年），泽州改置直隶州，属冀南道山西布政司，大阳在其所辖之内。清雍正六年（1728年），泽州升为泽州府，下置凤台县，大阳属泽州府凤台县所辖。

"阳阿"改为"大阳"的确切年份无从考证。镇内现存碑记中年代最早的相关记载见于大阳汤帝庙宋宣和元年（1119年）修缮所留碑记《重修汤王殿字记》中："大阳成汤殿宇自乾德五年，我祖刘公之所建，已寥寥数百载，风雨浸坏，神罔攸宁。"可见，自宋代起便以大阳为其镇名。

---

[1] 山西省晋东南行政公署翻印，凤台县志，山西古籍出版社，1981年。

3. 城镇演变

依据大阳当地民间的传说,大阳镇发迹于东大阳小庙巷。后以东、西、南、北四个方向的阁楼划分边界,门额分别题"东作"、"西成"(图1-4)、"南讹"(图1-5)、"北钥"。老街贯穿东西,南邻前河,形成"四阁一街"的空间结构。四座阁楼新中国成立后被毁。

城镇结构顺应前河走势,逐渐由东向西向发展,以西门阁为界始分东、西大阳。然而,西大阳设置时间已不可考。《宋史·段思恭传》[1]记载,段思恭的曾祖段约,唐代曾任

图1-4 西成阁门额题字

图1-5 南讹阁门额题字

定州司户,且段氏家族世代居住在西大阳。[2]因此,可推断西大阳于唐代时已有大量人口居住,并形成一定聚落规模。又据《中国人口通史》记载魏晋南北朝时期由于战乱纷争不断,人口急剧下降,至隋初年(581年)人口仅为3000万余,至隋大业五年(609年)人口数量已增至约4300万,年均增长率约为12.45‰。两晋时期汾河下游,今永和、汾西及阳城以南地区每平方公里约16人。隋朝汾河下游地区,人口总数约为180万,平均每平方公里38人。较之两晋时期约人口密度增长约2.37倍。[3]因此,可以推断隋朝时由于人口数量激增导致大阳原有城镇规模超出负荷,从而突破原有范围沿前河向西发展,最终形成西大阳。

据大阳当地现存碑记可知,五代及宋元时期沿东西大阳老街两侧修建了诸如资圣寺

---

1 脱脱(元)等撰,宋史·卷270列传第二十九,中华书局,1985年。
2 现于西大阳存有段家大院聚落群。
3 袁祖亮主编,中国人口通史,人民出版社,2007年,第581~588页。

（建于北齐文宣天保四年，553年）、汤王殿（建于北宋乾德五年，967年）、汤帝庙（建于元至正四年，1344年）等公共建筑，在轴线上形成了重要的节点，老街的轴线地位得到了进一步的强调。[1]

时至明末清初，时局动荡，"流匪"四起，村民利用地势起伏，于坡地之上修建防御设施以保家护院，形成"南北四寨"。据大阳本镇学者考证，后河北岸为金汤寨，于明万历庚戌年（1610年）由霸州知州王国士主持修建；后河南岸为岳峙寨，于明崇祯六年（1633年）由明天启进士新城令裴平、淮河儒林郎张庭、山阴学官李善徵主持修建；西北角为安庆寨，由鸿胪寺署丞段迁黼主持修建，修建年代不详；东南角为清宁寨，于明天启（1621～1627年）初期，由光禄寺丞关天钦出资修建。四寨分别位于古镇的东西南北四个方向，以保护居民免受"流匪"滋扰。其中安庆寨毁于战火，其余三寨墙体也已无保留。明末清初，大阳古镇城镇结构基本定型。

4. 影响因素

大阳当地四面环山，两面临水，土地肥沃平整，气候适宜，宜于发展农业生产，为小农经济下的生产、生活提供了必需的资源，比较适于居住。当地又多铁矿，可充分满足当地冶铁、制针等手工、工商业的原料需求，促进了当地的经济发展。

大阳自古镇域广阔，人口众多，行政地位重要，因此历史的形成演化区别于常见的、单一姓氏的自然村落，与历朝历代行政机构的变迁更迭之间存在着重要的联系。秦汉至北齐一段时期，大阳属郡县建制，东大阳现有"古阳阿县"牌楼（图1-6）以及原县衙遗址（图1-7）。虽然其后期改县为镇，但其城镇规模以及人口基数水平均与县城相平，为大阳后期的发展提供了重要的原始资本。

图1-6 古阳阿县牌楼

明清时期大阳镇的商业空前兴盛，

---

1 见附录《大阳资圣寺记》、《重修汤帝庙东廊房记》、《重修汤王殿宇记》。

山|西|古|村|镇|系|列|丛|书

图1-7 阳阿县衙遗址所在地

图1-8 民居中的老式家具

由此带来的商业繁荣，对于城镇结构的维持和发展产生了重要的影响。浓重的商业气息对于老街的形成及演变有着很大的促进作用，商业的繁荣吸引了大量的外地人口涌入大阳做工谋生，长此以往定居人数逐渐增多。经济的繁荣以及人口的增长促进了城镇规模的扩张。

大阳镇还受到儒家官宦文化的影响，重视科举教育，镇内书院众多。南街巷旧有地名黉门，为万古老学所旧址所在；南河庵古时题匾为南河书院；西大阳已毁的圣仙庵院为静修书院，小庙巷内有贡院。历史上不乏出仕为官者或是巨商大贾在当地大兴土木置办产业，形成了独特的官商一体的居住空间。随着商业的繁荣及当地官宦文化的兴盛，大阳镇逐渐形成了几大家族姓氏体系，家族成员比邻而居。这些规模浩大的家族院落的形成对于古镇的整体结构产生了深远的影响，其中，家族势力起到了重要的作用，从民居中现存的古旧家具中也不难看出当时居住者地位之显赫（图1-8）。

三、商业重镇

大阳古镇资源丰富，自古为晋城、高平、阳城、沁水四县交界地区的商品集散地。手工业、商业发展至明清时期，已接近鼎盛。此外，据《重修关帝庙中院碑文》记载，清乾隆三十年（1765年）境内富商大贾有"世隆号"、"永旭号"、"滋盛号"等12家。据道光三十年（1850年）《翻修关帝庙照壁碑记》以及《重修万楼碑记》载，境内出名的富商大贾有"泉生钱庄"、"合顺钱庄"、"大有典当"、"嵩林银楼"、"悦来商店"等60家商号，大阳商业于这一时期到达顶峰。至今，大阳老街依然店铺林立，生意兴隆，商号旧址保存也仍旧完好[1]。

图1-9 老街林立的店铺

在大阳当地一直流传着一句俗语"黑行兴，白行旺"，黑行指代传统冶铁业，白行则泛指其他商业活动，如贩卖食盐、茶叶、布匹、杂货等。冶铁业的兴盛，极大地带动了大阳当地商业的迅速发展，并且随之出现了木市、棉市、席市、菜市、人市、米市、枣市七大市场和典当行钱市，大阳成为十里八乡货物集散之要地（图1-9）。

1.冶铁业

在各类手工业当中，冶铁业历史最为悠久，可追溯至春秋战国时期。《山海经·五藏经》[2]中记载："虎尾山，其阴有铁"（虎尾山地处大阳镇东五里处）。由于当地铁矿资源丰盛，泽州境内的煤炭产业兴旺，冶铁业兴盛一时。汉至五代时期，冶铁统一归为官府专营，民间冶铁工业处于低潮；北宋后期，泽州煤炭生产达到了一定的规模，并且官府

---

[1] 樊秋宝主编，泽州文史资料第七辑，经典阳阿，2009年，第63~65页。
[2] 周明初校注，山海经，浙江古籍出版社，2010年。

解除了对于民间冶铁业的管制,冶铁业在大阳镇得到了复兴;至明洪武年间(1368~1398年),全国广开铁矿,采矿炼铁成为大阳百姓的主要经济来源,大阳炼铁较之前发展迅速。位于西大阳的石闸碑文记载了这样的景象:"并力同心,攻他山之石,山近冶之铁……由是坑窑之地,虽未车马之通衢矣。"清朝末年,大阳手工制针业发展迅速,这一时期的冶铁业主要为手工制针业提供所需原料,冶铁业从而进一步得到促进。清乾隆时期,大阳冶铁业一改作坊式小元炉的生产模式(图1-10),改用方炉炼铁,原本零散分布转向统一生产,产量剧增,此时大阳的冶铁业已经到达鼎盛(图1-11)。"吉星山"[1]是大阳当地规模最大的炉号,全年炉火通红,生意兴旺。吉星山大掌柜名裴金庆,广招工人,精心经营,裴氏家族世代以炉号为生。大阳铁艺一直延续至今,成为一种独特的文化(图1-12)。

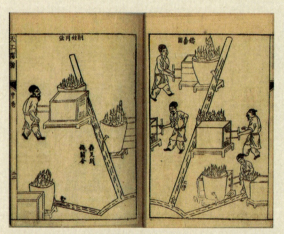

图1-10 《天工开物》传统冶铁

图1-12 传统手工铁艺

图1-11 冶铁残余炉渣

---

1 毕振姬(清),西北文集,山西古籍出版社,1997年。

2. 兵器制造

大阳的兵器制造继其冶铁业后出现，距今已有两千多年的历史。相传阳阿宝剑"锋似丝弦，寒气四溢"，明末清初著名学者毕振姬在《四州文献》[1]中曾有提及："古有阳阿之剑，可陆断牛马，水截鸿雁。"据大阳本镇学者考证，战国时期大阳为韩国兵器铸造基地，并且阳阿剑最早铸造者为大阳人卓氏。然而《史记·货殖列传》中记载："蜀卓氏之先赵人也，用冶铁富。秦破赵，迁卓氏。卓氏见掳掠，独夫妻推辇，行诣迁处。"此处表明卓氏为战国时期赵国人，且1986年于高平县铺上村出土的战国青铜兵器"宁寿令戟"，其铭文"十六年宁寿令余悬，上库帑(工币合文，工师)卓进、工固执齐"，系铸造于赵惠文王十六年(前283)之灵寿(今河北平山三汲镇)，由赵灵寿令余监造、工师卓氏主管、工固执齐制造。此处"卓氏"很有可能为《史记》当中记载的卓氏。然而赵国兵器制造基地位于河北平山三汲镇，与晋东南地区相去甚远。[1]因此，可以推断卓氏为战国时期赵国人，于今河北平山地区主持兵器铸造。卓氏于大阳铸阳阿剑一说应为误传。大阳为韩国兵器铸造基地一说同样缺乏史料记载以及考古实物的证实。

3. 商号店铺

距今2000多年的冶铁工业奠定了大阳古镇的商业基础，注定了大阳古镇之后几千年商业重镇的地位。大阳古镇商号林立于老街两侧，乌亮的柜台，古旧的招牌，无一不在向人们诉说着曾经有过的浮华兴旺（表1-1）。多数商号在外设有分号，生意遍布大江南北。主营运销钢针，将大阳所产钢针运至河南、内蒙古、山东、北京等地，从中赚取差价。除经销钢针之外，还兼营百货、食盐、茶叶、典当等，其中不乏走外的商人，体现出

图1-13 商号故址

---

1 郭一峰、张广善，高平县出土"宁寿令戟"考，文物季刊，1992年第4期。

独具山西特色的商贾文化。这些大商号多创办于明初期至中期，后又因各种原因衰落于历史长河之中。鸦片战争过后，外国工业对于民族手工业的冲击直接导致了大阳制针业的衰败，因此这些原本昌盛一时的商号也随即退出了历史舞台（图1-13）。

清代著名商号统计 表1-1

商号名称	起止年代	相关介绍
郜氏钱庄	清雍正年间至同治年间	在京城、内蒙古等地开设商铺、票号，经营钢针、食盐，极为富有，后家遭大火，至此衰落
君泰号	清乾隆年间至抗战时期	营销铁货、食盐，除在大阳开设商号外，还在河间、山阳设有分号，经营京广百货、晋陕土特产，生意兴旺广达四海。君泰号兴盛百余年，衰落于抗战前
咸义亨	清乾隆年间至咸丰年间	在山东登州以及河南洛阳均设有店铺，主营钢针、绸缎、布匹、珠宝，商路直达江浙，作为大阳走外经商人之首。在大阳置有棋盘院
福泰恒	清咸丰年间至光绪年间	薛氏商号，经营钢针为主，在河南、山东等地设有分号
白玉堂	清咸丰年间至光绪年间	在泽州城内以及河南、山东等地开设分号，经营油坊、典当行、茶叶等百货。后在大阳城内制半夏马房院、旗杆院
复兴祥	清同治年间至光绪年间	除在本地设有商号之外在河南郑州、洛阳等地设有分号，经销百货
锦泰裕	清同治年间至抗战前	商号地处资圣寺东，一连五间铺面，经营茶叶
协记酒厂	清咸丰年间至光绪年间	在郑州、阜阳、济南等地设有分店，富甲乡里
玉丰号	清光绪年间至抗战前	隶属于大阳李氏商号，主营钢针、百货，在京城内设有分号

4. 大阳斗行

大阳当地乡绅张九卿于民国3年（1914年）年创办大阳镇斗行，专门监理斗行，收斗捐税。每逢"集日"，十里八乡的百姓上市买卖粮食，人头攒动，十分兴盛。民国5年至15年（1916~1926年），粮市最为繁荣，民国17年（1928年）军阀阎锡山为扩充军饷，私造钱币导致物价飞涨，粮食买卖被迫中断。民国20年（1931年），阎锡山败北，军阀停战，粮市得到恢复。民国22年（1933年），斗行发展到十支，粮市规模扩增。大阳镇粮食市场一直持续至1945年大阳解放，新中国成立后实行国家统一收购，原有斗行均被撤销。

四、非物质文化遗产

大阳现存有丰富的非物质文化遗产。在民间，面塑、剪纸等技艺流露出浓厚的乡土气息，而馔面又让人们感受到大阳人朴实中隐含着的精致。加之当地冶铁、制针等行业的兴盛发达，一些当时人们赖以为生的高超技艺在当下自然也成为被追忆怀念的对象，如手工制针、坩埚冶铁等。如此丰富的元素聚集在一起便形成今日极具特色的非物质文化遗产。

1.手工制针

大阳传统制针土法距今已有逾五百年的历史，至明清时最盛。大阳钢针行销海内，占据长江以北的市场，与广州佛山制针业南北呼应。镇内依靠制针一门技艺以终一生者比比皆是，大阳也因此享有"九州针都"的美名。大阳手工制针因其独特的工艺以及重要的历史价值于2007年被申报为山西省非物质文化遗产。据德国里希霍劳在《中国近代手工业史资料》中说："大阳的针，供应着这个大国的每一个家庭，并且远销中亚一带"大阳制针业关系当地的民生命脉，不仅百姓以制针、卖针为生，制针业的繁荣与否还时刻关系炼铁业的

图1-14 手工制针所用坩埚

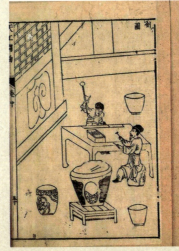

图1-15 《天工开物》传统制针

兴衰。至于手工制针业确切起于何时，现已无资料可考，只能在民间传说中寻其踪迹。传说明朝嘉靖年间，大阳镇裴姓人士行至山东临清，在当地学会一身制针手艺，并将这门手艺传至大阳，至此大阳制针业迅速发展。制针术在大阳一带很快普及，几乎家家户户从事制针业，成为百姓的主要副业（图1-14、图1-15）。据原针翁庙中《针翁庙碑记》记载"乡中业此者，旧仅三、二家而止，今则列肆者屈指不能尽，至工一艺而以养者，比屋而是。故向来辛巳之际杀人枕籍，而吾乡存活为多，赖此业耳。"明末清初，各地揭竿而起，农民起义爆发，京杭运河一度瘫痪，时局的动荡切断了南方商人北上的通途，为大阳制针业让出市场，大阳制针业开始了真正的繁荣。大阳钢针一直兴盛到19世纪60年代，鸦片战争过后国门大开，国外机械制造的钢针大量进入中国，严重冲击了大阳制针业。从此之后，大阳制针业开始衰落，"九州针都"只能成为记忆。

2. 大阳馔面

大阳馔面作为一道大阳独具特色的面食，可谓远近闻名，已于2008年被评定为市级非物质文化遗产。民间传说馔面源自汉代宫廷，原为钟鸣鼎食之家才能享用的佳品。馔面色金黄，味清香，煮熟滤水后配以高汤、荤素臊子，再撒上香菜、芝麻、花生，可谓色香味俱佳。婚礼上吃馔面已经成为当地重要的习俗，"去吃馔面"也就成为了参加婚礼的代名词。好的馔面出自好的厨师之手，制作讲究，面粉中勾兑的盐、碱需适中，后经过擀压、切面等几道工序方可完成，制作工艺中所用之器物同样充满乡土气息（图1-16）。制成之后要及时放在木制食盒里密封，在温度适宜的房间

图1-16 悬挂在门外的厨具

里等待面发透之后才可食用。

3.大阳剪纸

　　大阳当地每至年节、乔迁新居、婚嫁吉日之时，家家户户的女眷们便会献上剪纸技艺，以示对美好生活的祝福。眼看剪刀、刻刀在手中上下翻飞，随着纸屑的掉落，一幅栩栩如生的剪纸画便呈现在人们眼前。尤其是过年之时，亲朋好友齐聚家中相互道贺，此时门窗上所贴精美的剪纸就成为了这家女主人贤惠持家的最佳证明。大阳剪纸题材多样，如麒麟送子、龙凤呈祥等，均为吉祥如意、喜庆祥和的代表，反映了人们对于生活的美好希望。大阳剪纸于2010年被评定为第三批市级非物质文化遗产。

4.坩埚冶铁

　　坩埚冶铁为传统作坊式冶炼方法，其冶炼所需温度不高，技艺操作简单易学，因此成为民间冶铁的主要方式。坩埚炉又称元炉，或称棒槌炉，体积较小，各家各户自行便可平地起灶，使用木柴作为燃料生产熟铁。由于大阳当地制针业发展迅速促进了作坊冶铁的兴盛，再加之本身原料来源充足，即便是在清中期炉号出现之后，此类作坊式的冶铁方法一直得以延续到新中国成立初期。在今大阳西南海泉山下的河谷间尚可看到当时炼铁遗留的大块废渣，种种迹象都见证了作坊冶铁当时的繁荣景象。坩埚手工冶铁于2009年被评定为县级非物质文化遗产。

5.大阳面塑

　　大阳当地居民每逢节日庆典都会在自家准备面点以示庆祝。和面、发面之后又在手中几经捏、搓、揉、掀，用竹签或筷子等工具点、切、刻、划、塑成身、手、头面，将想象之中寓意吉祥如意的节日形象生动地表现在面团之上。面塑取材广泛并且不拘一格，只要能够表现出节日气氛者均可。面塑作品形象往往质朴可爱，充满了浓郁的乡村气息，又加之用色大胆，以红、绿为主，凸显出节日中活泼喧闹的气氛（图1-17）。大阳面塑于2009年被评为县级非物质文化遗产。

山西|古|村|镇|系|列|丛|书

图1-17 民居内的祭祀仪式上的面塑作品

6. 三斗三升芝麻官

  大阳当地民间崇文尚学之风自古有之，青年才俊饱读诗书后便踏上仕途博取功名，以求报效家国，光宗耀祖。历朝历代均不乏在朝中居于高位的名仕，且出仕之风常常在家族之中盛行，一门之内数代为官。镇内段氏、王氏、张氏、裴氏、孟氏、常氏、关氏等几大家族世代仕途亨通，为官出仕者络绎不绝，其中"孟氏一门七进士"至今仍旧时常为人们所津津乐道。游走于镇内，随处可见官居大院，如段长官院、张督堂院、王国士院等。翻阅清乾隆年间《凤台县志》、清康熙年间《泽州府志》，以及其他史料，大阳人在朝为官者屡见不鲜。历朝历代众多官员如此密集地集中于大阳一地，不可不谓奇特（表1-2）。三斗三升芝麻官于2009年被评定为县级非物质文化遗产。

大阳当地名仕统计　　　　　　　　　　　表1-2

名字	朝代	官职
段思恭	宋	任给事中，先后知眉州、泗州、灵州、寿州、陕州
段直	元	泽州长官
茹太如	明	洪武年进士，先后任翰林院检讨、都察院御使、户部尚书
孟春	明	弘治年进士，先后任严州守、顺天巡抚、吏部左右侍郎
孟阳	明	正德年进士，官至吏部天官
庞浩	明	正德年进士，先后任谏议大夫、河南按察使、刑科给事中、兵科都给事中
孟霦	明	嘉靖年进士，官至山西督粮道
孟雷	明	嘉靖年进士，官至山西按察司监事
孟颜	明	嘉靖年进士，先后任工部主事、四川布政参议
裴宇	明	嘉靖年进士，官至礼部尚书、工部尚书
王国士	明	万历年举人，入霸州知州
张养蒙	明	万历年进士，官至左给事中
张光奎	明	张养蒙之子，官至山东右参政
孟兆祥	明	天启年进士，官至刑部右侍郎
张大经	清	乾隆年武进士第一名，授武昌府参将
关遐年	清	乾隆年进士，先后任礼部主事员外郎、礼部郎中。广西东平府知府
常恒昌	清	先后任河南、广东道监察御史、户部给事中

7. 阳阿歌舞

　　大阳在艺术领域也取得了璀璨的成就,"阳阿歌舞"一时风靡海内。阳阿公主系阳阿侯之女,美貌出众,天资聪颖,精通音律,在歌曲舞蹈方面极具天赋,并且日渐形成独具特色的风格,引来各地少女的争相模仿,"阳阿奇舞"名扬四海。一首"阳阿薤露"悦耳动听,演奏过后"绕梁三日而不绝",令人回味无穷。一自宫廷流出就立即风靡全国,广泛传唱,"阳阿歌舞"自此名遍天下。据《汉书·外戚传第六十七下》记载:"孝成赵皇后,本长安宫人。初生时,父母不举,三日不死,乃收养之。及壮,属阳阿主家,学歌舞,号曰飞燕。成帝尝微行出。过阳阿主,作乐,上见飞燕而说之,召入宫,大幸。有女弟复召入,俱为婕妤,贵倾后宫"。汉孝成皇后赵飞燕极擅歌舞,身轻如燕,姿态优美,故汉成帝赐名"飞燕"。这位依靠美貌、歌舞母仪天下的奇女子就曾经拜入阳阿公主门下学习歌舞,其妹赵合德也随后入阳阿侯府中习得歌舞绝技。曹操之子曹植极以阳阿歌舞为典,在《箜篌引》中写下了流传千古的诗句:"阳阿奏奇舞,京洛出名讴"。由此可见,阳阿歌舞在历史上有着极其重要的艺术地位,曾经为中华艺术文化作出显著的贡献。

【第二章】

空间格局

KONGJIAN GEJU

一、村落的选址

1. 地理环境是村落选址的基础

　　大阳镇四面环山，香山、高庙山、虎尾山、大疙脑山、凤冠山等山脉连绵起伏，环抱整个村落；两面临水，前河与后河分别从南北环绕古镇，曲折向前，汇于村东。古镇位于中间地势相对平坦、开阔之处，形似一只灵龟。山脉与河流为村落提供了天然的屏障（图2-1、图2-2）。

图2-1　从大疙脑山鸟瞰大阳镇

图2-2 从天柱塔鸟瞰大阳镇

山｜西｜古｜村｜镇｜系｜列｜丛｜书

得天独厚的自然条件是大阳镇选址的基础。该地区温带大陆性季风气候明显，古镇西北方向的香山、吾神山等山脉犹如一道屏障，有效地抵挡了冬季的西北风。流经古镇的前河与后河缓解了春季气候的干燥。同时，位于南侧的前河地势较低，在夏季暴雨来临之时，起到了很好的排水作用，是天然的防洪河道（图2-3）。

图2-3　大阳镇选址图

古语有云：民以食为天。农业生产是古代先民生活的第一要务。一个地区能否提供充足的土地资源，满足人民耕种所需，直接决定着这个地区日后长久的发展。大阳镇四周山势平缓，尤其是古镇南侧的大疙脑山与凤冠山之间的地貌，更是平坦、开阔，可作耕地使用。古人发展聚落的原则是尽量不占耕地，尤其在山地居多的晋东南地区，人们更加重视耕地，所以大阳古镇在发展中，聚落与山体之间留有大量空地，供人们农耕生产使用，以达到耕地面积与人口数量的均衡。

2.风水观念对村落选址的影响

风水是古人对良好居住环境的总结，实质上是对居住环境的选择和处理，是不可忽视的重要因素。大阳镇的选址和发展，具有我国传统风水中"左青龙，右白虎，前朱雀，后玄武"的经典选址意向。

古人选址时重在观"气","气"顺则兴旺发达。故选址中,先觅龙,找寻祖山,山是气之源。然后要"观砂",看"气"在运行之中是否连续。东晋著名学者郭璞曰:"气因形来而断不可葬也"。即"气"被引下龙脉后,有左右龙虎砂山夹紧,不至气散。朝山不得与气相冲,应 "护卫其穴,不逼不压"。[1]从大阳选址来看,整体地势,西北高、东南低。西北有脉发于吴神山,东西两翼有高庙山与大疙瘩山相夹,气不外散,南侧的朝山平缓开阔,环抱有情,不折不窜。总体山势连绵不断,用"形"紧紧拢抱着"气","气"运其中,滴水不漏。

风水中认为,"气"随水走。古人选水,一看水形,二看水口。水形之中,河流弯曲使"气"在其中迂回行走,滋润整个聚落为好。而水口则是气运的关键,"水口无砂,则水势直奔而出"。在大阳的选址中,美中不足的是镇东地形呈现壑口状,前河之水由此东去。故在明代修建天柱塔和娲皇庙,以收气运。

二、村落格局

1. 总体布局

大阳镇流传着这样一句歌谣"东西两大阳,上下两书院,沿河十八庄,南北四寨上,九十三个阁,七十二条巷,九市八圪垱,老街五里长,早先还有北大阳。[2]"这是当地人对大阳镇格局的总结。大阳镇分东大阳和西大阳两部分,一条老街和二十六条次要街巷构成了大阳镇"鱼骨状"的道路骨架。汤帝庙、资圣寺、关帝庙等公共建筑沿老街分布,是大阳镇中重要的公共节点空间。各街巷之间是建筑组团,组团中既有规模宏大的张家、裴家、关家等院落群,也有小巧精致的段家院、君泰号等独院。节点空间、街道格局、居住组团三者一同构成了大阳镇点——线——面的空间结构(图2-4)。高地之上设有四寨,分别是金汤寨、安庆寨、岳峙寨(北寨)(图2-5)、清宁寨(南寨)(图2-6),四寨成犄角之势,极具防御功能,看护整个大阳镇。

---

[1] 丁文剑主编, 现代建筑与古代风水, 东华大学出版社, 2008年, 第72~73页。
[2] 《泽州府志》图中记载有北大阳, 后河有夯土层和汉瓦片, 今无可考证。

山｜西｜古｜村｜镇｜系｜列｜丛｜书

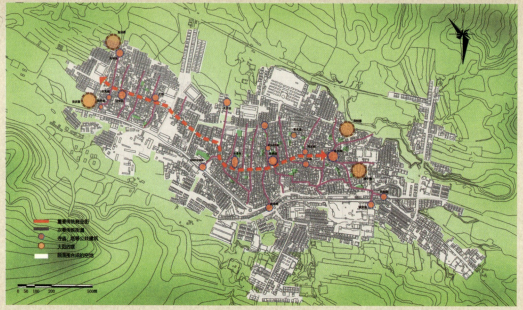

图2-4 大阳镇空间格局图

图2-5 大阳镇北寨

图2-6 大阳镇南寨

2.空间肌理

　　大阳古镇形成之初未经过系统的规划，而是依赖自下而上的"自组织"方式。同大多数传统聚落一样，古镇整体空间并非按照严谨的几何网络（图2-7）。建筑组团内部的空间关系相对自由。在此，我们将古镇的建筑占地空间定义为"实体空间"，街巷、空地等由建筑边界形成的空间定义为"虚体空间"，从图中看到，大阳古镇的"实体空间"大于

"虚体空间"，这意味着古镇整体结构紧凑，建筑组团内部私密性较强。同时，我们还发现，"虚体空间"分布集中，对于一个紧凑的内部格局而言，将一些零碎的"虚体空间"整合为几个大的"虚体空间"，不但节约了"虚体空间"的面积，也更有利于发挥"虚体空间"的聚集作用。

图2-7　大阳镇空间图底关系图

进一步研究大阳镇空间肌理，我们看到并不严谨的几何网络背后依然存在着清晰的自上而下的"主观规划"。这是社会因素影响下的产物。正如陆元鼎先生将传统聚落形态概括为两大类[1]：一类是由自然因素占主导地位而自发形成的村镇；另一类是社会因素占主导地位的具有一定意图布局的村镇，这类村落主要表现在具有某种寓意的布局形态上。大阳镇空间形态的演变，初期可归为第一类，后期则可归为第二类。其中，商业老街是主要的影响因素，起着重要的空间主导作用。另外，我们再联系大阳镇的社会因素。明清时期，大阳镇 "户分五里，人罗万家，生意兴隆，商贾云集"。[2] 同时，大阳镇资源丰富，是重要的铁货交易地。可见，商业对大阳镇的重要意义不言而喻。通过绘制每个建筑组团的空间网络（图2-7），我们可以看到老街对整体空间的控制性：①每一个建筑组团的网格基本与老街成正交关系。尤其在靠近老街的部分，建筑的轴线与老街几乎完全正交，随着建筑与老街距离的增加，正交关系逐渐减弱，有灵活的院落形式出现；②在距离老街最远的北寨，建筑布局自由灵活，与老街几乎不存在网格关系，更多的是因地形需求形成的格局方式（图2-8）。因此，现今大阳镇的格局正是以商业经济作为主要社会因素而形成的，其重要程度甚至超过先天的地理因素。

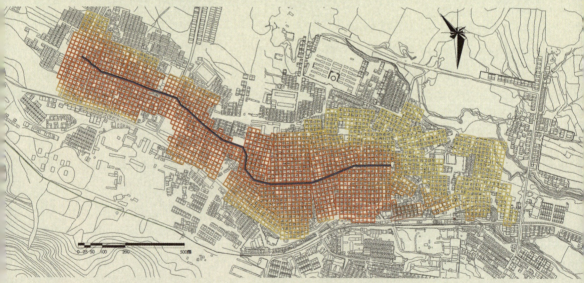

图2-8 大阳镇空间结构图

---

1 陆元鼎主编，中国民居建筑·上卷，华南理工大学出版社，2002年，第116~118页。
2 樊秋宝主编，泽州文史资料第七辑，经典阳阿，2009年，第63~65页。

3.街巷格局

(1)路网结构

古镇的道路格局为"鱼骨"式,即一条东西向的老街为古镇的轴线,南北延伸出26条次要的街巷,构成大阳镇的主体道路框架(图2-9)。老街因地势而成,自东向西贯穿整个大阳镇,26条次要街巷两两之间相隔50~80米,将大阳镇划分为多个地块区域;地块内部还有更次一级的宅间巷道,这些巷道形式丰富,宽窄不一,有机地连接起各个院落。综合而言,大阳镇的主体道路格局结构清晰,细节之处又富于变化,规整中不失趣味。

(2)道路等级

1)主要道路——老街

老街延绵5里,既是大阳镇内部的主要道路,又是古时大阳镇对外联系的通道(图2-10~图2-14)。老街的形态随地势而走,自西向东逐渐降低。它宽约5米,可过马车。明清时期,老街已成为一条繁华的商业街道,两旁尽是二层的商业建筑。九大市场——木市、大茶市、人市、花市、米市、钱市、席市、枣市、菜市——分布其中,还有两间当铺也沿老街而开(图2-15)。此外,一些大户人家的正门也朝向老街,彰显富贵,如张家、裴家大院,院落恢弘,装饰精美。

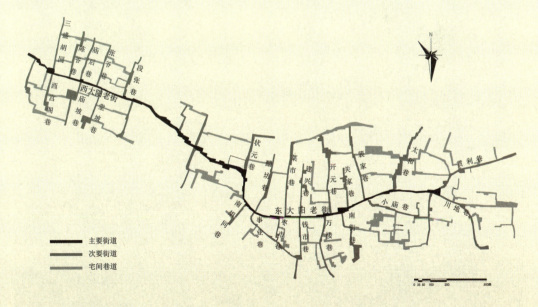

图2-9 大阳镇路网结构图

山|西|古|村|镇|系|列|丛|书

图2-10 西大阳老街（一）

图2-11 西大阳老街（二）

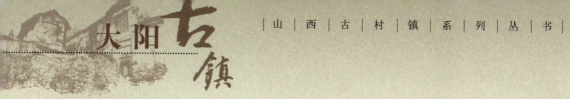

图2-12 东大阳老街（一）

图2-13 东大阳老街（二）

老街两侧还分布着大阳镇重要的公共建筑——西大阳的汤帝庙、孔庙，东大阳的资圣寺、关帝庙和古代县衙等（图2-16）。公共建筑前往往留有广场空地，形成公共节点空间，老街将各个节点空间串起，"点""线"结合。老街两侧形式统一的建筑，和街道本身收放变化的空间，共同构成了老街协调而又丰富的空间体验。

图2-14 东大阳老街速写

图2-15 西大阳老街北立面图

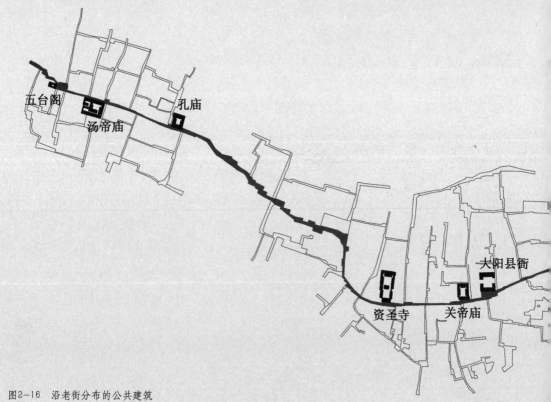

图2-16 沿老街分布的公共建筑

另外,每逢暴雨来临,老街成了一条有效的防洪水道。雨水顺老街自西向东流去,在东西大阳交界的街道及大阳镇的东端汇入前河,而其余各条街巷依然可以行走。老街两侧建筑的室内地坪往往高于老街50厘米,坐在屋内,眼前的老街虽已成河,而屋内却不入一滴雨水。

2) 次要街巷

次要街巷是指大阳镇72条街巷中的26巷(图2-17)。这26巷皆始于老街,向南北延伸,直到古镇边界。它们与老街一起构成了大阳镇"鱼骨状"道路骨架。街巷的起始处(既与老街相交处)常设有一个阁楼,注明街巷名称——如庙后巷、状元巷、钱市巷(今财神巷)、万楼巷(今古楼巷)等(图2-18)。次要街巷的宽窄各不相同,总体宽度在3~5米之间,街巷内部也富有变化。

山|西|古|村|镇|系|列|丛|书

图2-17 次要街巷的照片

图2-18 街巷入口的照片

次要街巷大体为南北走势，其形态与地形密不可分。街巷不只在平面形态上变化丰富，有的街巷在纵向上也有高差的变化。同时街巷内部的节点空间，使线性空间有所停顿，丰富了街巷的空间体验。

相邻两条次要街巷围合出建筑组团，一般民居并不恪守入口开向东南之类的风水讲究。沿街院落的入口开向街巷；而院落较多大户人家，沿街有一个主入口，同时也有一些次要出入口开向街巷。

规划而成的巷道

连接院落入口的巷道（一）

连接院落入口的巷道（二）

两个院落之间的巷道

平面形式丰富的巷道

图2-19　宅间巷道照片

3）宅间巷道

再次一级的街巷是宅间巷道（图2-19），我们依宅间巷道的形成方式将其分为两类：

①根据地块内部的交通需要而建的道路，这类巷道属于规划而成，形态规矩。宅间巷道精确地限定了每个地块内部的建筑用地。如钱市和万楼巷之间的街道。

②建筑边界"挤压"而成的道路，这类道路的形成是自发的。居民在长期修建院落的过程中为了满足院落之间，或街巷之间的交通便利而留出空隙，形成道路。这类道路有机地连接了各个院落，是大阳镇道路等级中最末一级的道路。这类宅间巷道的形式随建筑边界而走，空间变化丰富、宽窄不一。走在其中，与古院不期而遇，趣味无穷。

(3)街道空间

1）街道的连通性

如图2-20所示，根据街道空间节点的不同形式，来分析大阳镇街道系统的连通性。街道之间限定的是一个居住组团的范围。可知在大阳镇的中心空间内，少有尽端道路，整个镇街巷系统的连通性较好。在古镇边缘连接耕地的地方，尽端路较多，方便居民的农耕生活。

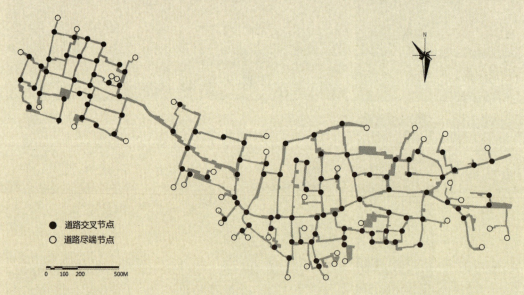

图2-20 街道空间节点

2）街道宽高比

街道宽度反映出街道对人流的承载力，街道的高宽比则是街道私密性的体现。如图2-21所示，取各级道路中的典型街道，对大阳镇的街道空间尺度进行分析。

街道等级	街道名称或位置	街道宽度(m)	剖面示意图	街道高宽比 D/H
主要街道——老街	东大阳老街	3.7~6.3		0.6~1.0
	西大阳老街			
次要街道——七十二街巷	状元巷	3.0~4.5		0.5~0.8
	万楼巷			
	裴家巷			
	庙坡巷			
宅间巷道	开元巷与裴家巷之间巷道	1.2~3.2		0.2~0.5
	院落围合的巷道			

图2-21 街道尺度的空间分析

如图2-21所示，街道宽度随街道等级的降低而逐级减小，宽高比逐级减小。街道的宽高比在0.2~1.0之间。依据卢原义信对外部空间的研究，当D/H=1时，空间呈现出亲切尺度，当D/H<1时，空间呈现出私密尺度，甚至有压迫感[1]。在大阳镇的街道尺度中，亲切尺度主要体现在老街中，私密尺度则常见于次要街巷和宅间巷道。同时，人眼对于细部的认知距离在0.6~2.4米之间[2]，在这个距离内，古建筑砖缝、斗栱的细部都清晰可见。大阳镇街道的尺寸多在这个范围之内，所以人们行走其中，感知到的不仅是街道形态和街道界面高度的丰富变化，还有街道界面精美细部的丰富性。

3）街道的连接方式

通过对大阳镇老街与次要街道连接关系的研究，我们绘出了下图（图2-22）。老街与次要街道的连接方式多样，主要有"丁"字模式（43.7%）、"十"字模式（18.7%），还有一种是老街南北两侧街道并不正对，与老街形成错位的"风车状"模式（37.6%）。老街与次要街道交界处，老街边界向外扩张，形成一处开敞的空间（如图中黄色所示）。此空间

---

1 芦原义信主编，尹培桐译，外部空间设计，中国建筑工业出版社，1985年，第27~31页。
2 芦原义信主编，尹培桐译，外部空间设计，中国建筑工业出版社，1985年，第36~37页。

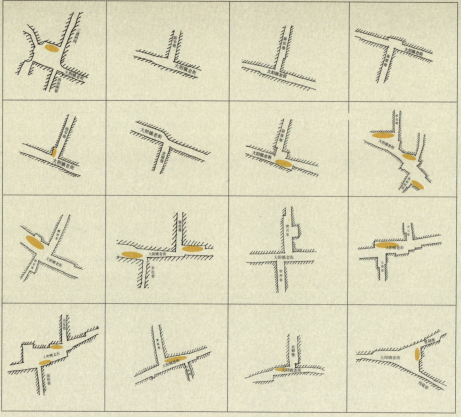

图2-22 大阳镇自西向东老街与次要街巷的关系图

是街道中的阴角空间。其作用有二:其一,扩大街道边界,使人们在路口交接处的视线打开,也使路口处的交通不至拥堵;其二,阴角空间成为一个有驻留、聚集性质的场所,供人们日常生活中休息交流。

(4)拱门与牌坊

在大阳镇的街巷空间中,拱门与牌坊是独特的空间要素。拱门与牌坊多位于街巷交叉口,常作为一条街巷开始的标志(图2-23)。还有部分拱门位于院落组团内部,是进入组团内部几家院落的标志(图2-24)。结合实际的空间感受,它们在空间上的作用大体有二:

1)不同等级空间的过渡。拱门和牌坊如一道敞开的门,将内与外的空间分割,提高了内部的空间的私密性。

2)保持街巷空间的完整性。拱门上的阁楼和牌坊的高度与两侧建筑大致相同,保证了街道界面的连续性和完整性。

图2-23 次要街道入口的牌坊与拱门　　　图2-24 居住组团内部的拱门

4. 公共空间

(1) 公共空间的总体关系

大阳镇的公共空间可分为两大类：

1) 由寺庙、县衙、阁楼等大型公共建筑门前形成的开阔广场空间。每逢祭拜、集会之日，会有大量人流聚集，因此公建门前常设广场，如祖师庙、汤帝庙、东作阁门前的广场。这些公共空间多沿老街分布，大小不一，形态各异，使线性的空间中加入节点，人们在行进中有所停顿、聚集，不觉枯燥。

2) 建筑组团内部的公共空间。这类公共空间由建筑边界限定而成，主要为居住组团内的居民服务。比起第一类公共空间，这类空间服务范围小，私密性更强，公共空间内的活动更富生活化。

东西两大阳的公共空间联系较弱，主要依靠老街串联。两大阳内部各自的重要空间节

点沿老街分布,这些节点空间两两之间相隔距离为200~300米,步行在3~5分钟之间(图2-25)。以上两种公共空间与组团内部公共空间的关系我们总结如下:①老街上一系列的节点空间在东西向上联系了大阳镇,单个节点空间联系了老街南北方向的组团;②老街上的节点空间与居住组团内部的节点空间在空间上形成由公共到私密,结构上形成由主要到次要的等级关系;③相对于居住组团内部的公共空间而言,老街上的节点空间更多地起到了标识的作用。

图2-25 大阳镇公共空间的关系图

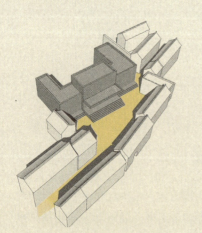

图2-26 大阳镇县衙前广场鸟瞰图

图2-27 大阳县衙前广场

(2)广场的结构

1)公共建筑前的广场

庙宇、衙门等公共建筑作为广场结构的核心,对整体形态起控制性作用,围合广场边界的其余建筑朝向广场,有利于商业发展。同时,广场也是各条街巷的交汇节点,三叉、四叉口,形式不一,充满活力。现以东大阳的县衙前广场和东作阁前广场,西大阳的祖师庙前广场为例,对这类公共空间的结构进行分析。

①县衙前广场和东作阁前广场

县衙前广场位于东大阳中段,老街北侧(图2-26、图2-27);东作阁前广场位于东大阳老街东端,是大阳老街的末端节点(图2-28)。二者是东大阳老街上的重要节点。

在县衙前广场与东作阁前广场空间中(图2-29、图2-30),我们看到的公共建筑(图中蓝色所示)是广场空间的主导,商业和居住建筑(图中橙色所示)与公共

图2-28 东作阁广场鸟瞰图

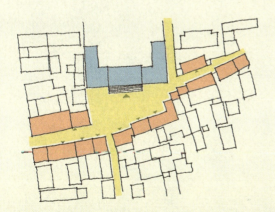

图2-29 大阳县衙前广场结构图

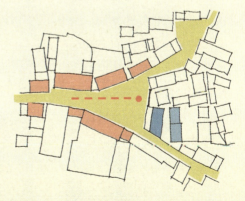

图2-30 东作阁前广场结构图

建筑形成一个不规则的半封闭公共空间，通过四周建筑结构与对广场空间形态的回应，保证了空间的内聚力。同时，各类建筑的入口积极地朝向公共空间，多重功能提升了公共空间的活力。

在东作阁公共空间的分析中，我们看到了一个连锁空间（图2-31）。东作阁前的小广场联结了公共性质的建筑，其北侧则是由居民建筑围合而成的另一个私密的小型公共空

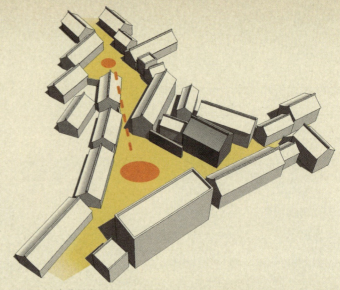

图2-31 东作阁东北侧小广场

间。二者之间有视觉联系。身处其中的一个广场之中，可以看到不远处另一个性质不同的公共空间，丰富了人们在公共生活中的体验。

②祖师庙前广场

祖师庙位于西大阳西端，是西大阳老街上的一个重要节点（图2-32）。祖师庙的建筑轴线是老街轴线的延伸，使街道和公共建筑内部有空间上的延续，成为这个广场空间中控制性的建筑，也是老街由东向西行进过程的一个对景。广场连接了五条道路，街道位于广场的四角，这种连接方式保证了广场边界的完整性（图2-33）。在这类广场上，除

图2-32 祖师庙前广场

了公共建筑的入口朝向广场，其余建筑均不设开口，这是公共建筑前广场与居住组团内部广场明显的不同之处。这样做使人们祭拜聚集公共生活不影响到居民日常的公共生活，同时形成了一个内聚性十分明确的空间，只有一个建筑开口突出了寺庙建筑的重要意义（图2-34）。在街道空间与广场空间的连接处设有潮音阁和五台阁。两个阁与周围建筑形式接近，很好地保证了广场界面的完整性。

祖师庙与一般寺庙建筑一样，建筑内的地坪高于广场地坪，体现了寺庙建筑的庄重感（图2-35）。不同的是祖师庙门前的台阶并不在轴向上，而是从北侧进入。我们猜测这样的做法原因有二：①广场和西宫阁巷连接处的空间局促，比起台阶，高台为此处留出了更多的空间。同时高台南侧边界采用了弧墙形式，起到广场与道路之间的空间导向的作用；②高台的矮墙提供了一个完整的底部边界，这个边界又保证了广场西侧边界的完整性。

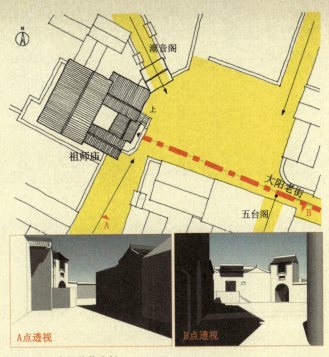

图2-33　广场结构分析

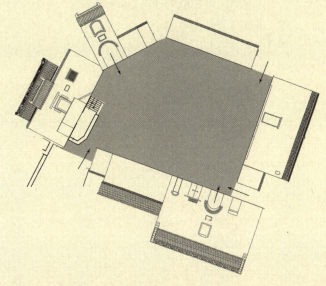

图2-34　广场立面分析

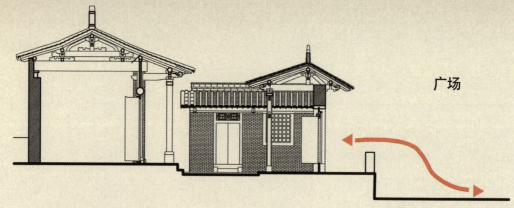

图2-35 广场剖面结构分析

2)居住组团内部的广场

居住建筑区内部的广场是人们日常生活中聚集交流的空间。每日午后,人们走出院子,相聚于此,拉家常、晒太阳,生活气息浓厚。这类广场,常由居住院落围合而成,与院落入口相连。对比老街上的广场,这类空间更具私密性。广场的边界是由居住建筑的外墙限定的,广场边界随院落外墙而走,因而形式丰富,各有特点。通过对大阳古镇这类广场的研究,我们依据其成因将其分为四类。

①由地形高差变化形成;

②公共生活日常所需形成,如磨面,磨豆腐等聚集的场所;

③小型公建(祠堂、小庙等)门前形成的广场;

④两个大户院落群明确范围、分割空间需要形成的广场。

我们取大阳镇中几个典型空间进行总结,得到下图(图2-36):

3)张家院落内公共空间

张家院落内公共空间位于东大阳建兴巷中段。整个空间被院落包围,与空地相连的道路和院落入口位于空地的四角,形成了一个边界相对完整的外部空间(图2-37、图2-38)。空地北侧的建筑只有一层,降低了空间纵向界面的高度,使空间更加开敞。空地内部有树木,使得空地尺度亲切,形成了一个驻留性的场所(图2-39)。

空地北侧还有一小块条状的开敞空间,内有一石磨。这一空间与空地形成了一个有连锁关系的外部空间(图2-40)。两个公共空间之间的空间由于建筑边界的入侵而收束,使两个空间既有联系又相互独立。

公共空间位置	形成方式	平面示意图	空间分析
财神像南端公共空间	空间的高差变化形成	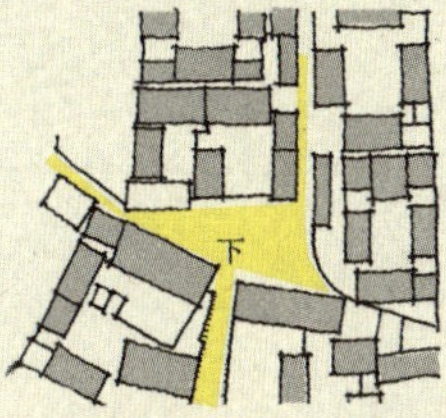	财神像南段地势高差发生变化，南侧是连接下部空间的台阶。此公共空间位于道路交叉口，起到连接不同标高道路的作用
建兴巷中张家院落内部公共空间	公共日常生活需求而成	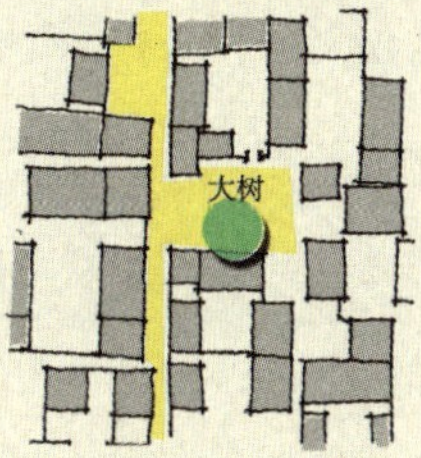	在居住群中，让出一个空间作为公共生活所用，这类公共空间中常有纳凉之所，有的还有古磨，满足生活需求。院落的大门一般朝向公共空间，促进人们的交流
开元巷小庙	祠堂等公建门前所需	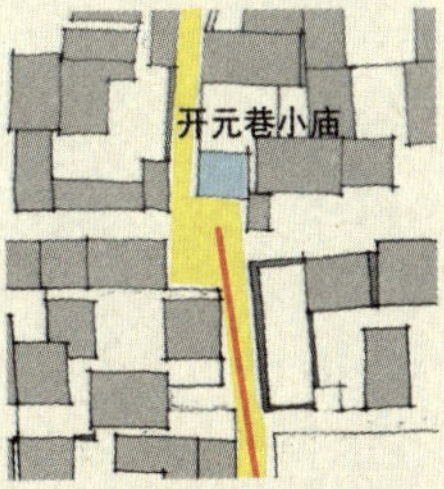	在这类公共空间中，公共建筑是空间的控制要素。街巷与建筑轴线具对位关系。在公共建筑门前形成一个聚集的场所。
张常两家边界	两个大户人家分隔空间，明确边界	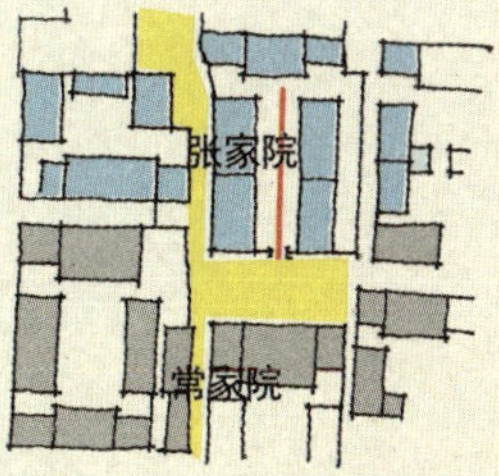	这类公共空间在两个大户的院落群之间，从空间上隔开并明确了两户人家的边界范围。使交界空间不显得拥堵

图2-36 居住组团内部广场分析图

| 山 | 西 | 古 | 村 | 镇 | 系 | 列 | 丛 | 书 |

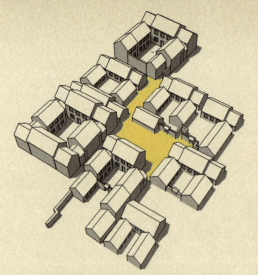

图2-37 张家院落内公共空间

图2-38 张家院落内公共空间分析图

图2-39 张家院落内部公共空间速写

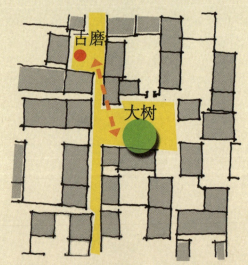

图2-40 套索广场空间关系图

【第三章】

居住建筑

JUZHUJIANZHU

一、居住建筑概述

大阳自古多官商宅邸,历经千年更迭,已极具规模。沿着大阳镇斑驳的街巷,徜徉其中,任意转进一条小道,都会在不经意间与那几个世纪之前的事与物发生一次令人惊奇的邂逅。庭院深深中古朴的建筑在寂静处向人们讲述着属于大阳的往事回忆。院落布置规整,沿老街南北两侧鳞次栉比,建筑外观迎合了属于山西这方土地的大气,细部处理又不乏精致细腻,映射出属于此地独特的建筑特色(图3-1)。

图3-1 绵延不断的大阳民居

1. 分布及年代

大阳镇居住院落多沿老街南北两侧分布,院落之间相夹形成连接南北的街巷,与老街对接。依据中国传统大家族聚居的习俗,院落依照单一姓氏宗族聚集建造,众多院落相互交错联系,形成规模庞大的建筑群。其中裴家大院、常家大院、张家大院、关家大院、霍家大院、段家大院、王家大院规模宏大，院落结构以及建筑风貌保存完好（图3-2）。

现存居住院落最早可追溯至元朝初期。西大阳的段长官院，其前院正堂柱础为覆盆式，东西两侧山墙有"金钱纹"式样装饰，据此判断其为元代建筑。时至明末清初，晋商兴盛，大阳当地多富商巨贾，财力雄厚，置办土地，大兴土木之事，因此现存的历史院落多为明清时期所建(表3-1)。

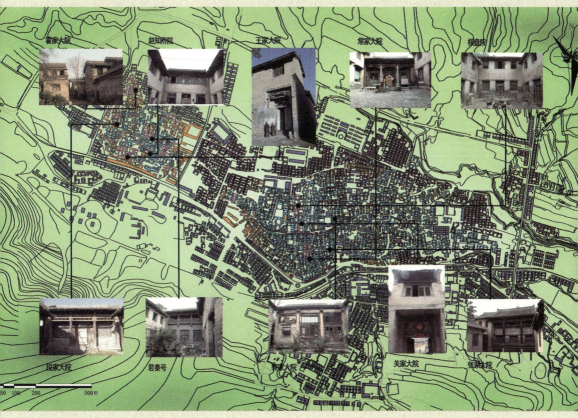

图3-2 主要历史院落分布图

大阳当地经商出仕者甚众，官居商宅互相错落，逐步形成官商一体的居住空间形式，在我国村镇居住空间结构中实属罕见。当地名门望族虽常以经营商号维持家业，受到儒家官本位思想的浸染，府内常设有私塾学堂，经商之余不忘求得功名仕途，故同姓之手足常半官半商，从而形成了官商一体的居住结构，如裴家大院内存有裴宇院，张家大院内存有张督堂院，关家大院内现存关遐年院，常家大院内现存常翰林院等。

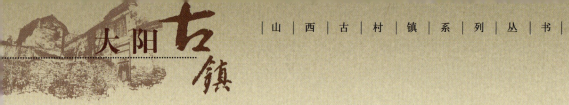

大阳镇典型院落一览表　　　　　　　　　　　　　表3-1

院落名称	建筑形制	建筑结构	院落规模	屋顶形式	代表院落	代表人物	选址区位
张家大院	四大八小	抬梁式	三进	硬山	张督堂院	张养蒙	南讹巷
常家大院	四大八小	抬梁式	三进	硬山	常翰林院	常恒昌	钱市巷南段
裴家大院	四大八小	抬梁式	四进	硬山	裴家主院	裴金庆	裴家巷中段
关家大院	四大八小	抬梁式	三进	硬山	关家主院	关退年	关家巷中段
棋盘院	棋盘院	抬梁式	两进	硬山	棋盘院	闫大授	醋坊巷
段家大院	组合院	抬梁式	三进	硬山	段长官院	段约、段直	西大阳老街西段
王家大院	四大八小	抬梁式	三进	硬山	王家主院	王国士	西宫巷中段
金家大院	四大八小	抬梁式	两进	硬山	金家大院	金珽	西大阳老街中段
霍家大院	八卦院	抬梁式	两进	硬山	霍家主院	——	吴神巷北段
君泰号	组合院	抬梁式	三进	硬山	靳家大院	靳炳海、靳炳山	西大阳老街中段
赵知府院	八卦院	抬梁式	两进	硬山	赵知府院	——	西大阳南首

建筑形式	布局构成	代表实例	建筑首层平面	建筑轴测图	实地照片
四大八小	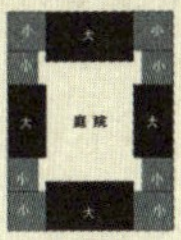	常翰林院	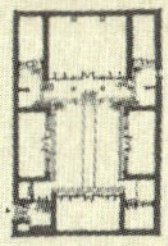	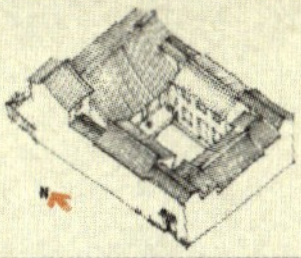	
衍生1		张督堂院	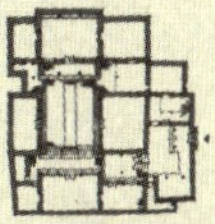		
衍生2		张家新厅院	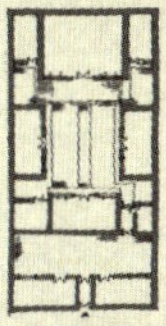	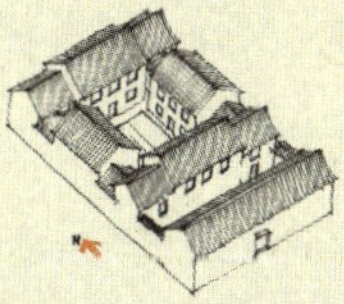	
衍生3		张氏主宅	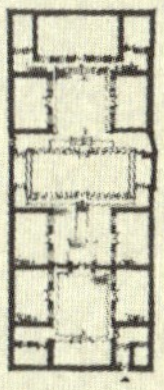	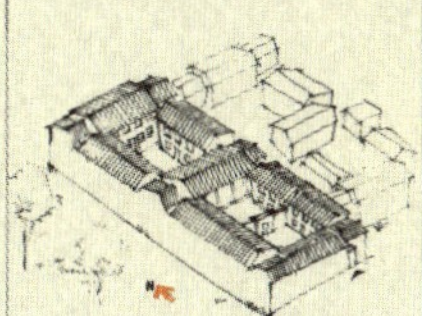	
簸箕院		张家佣人院	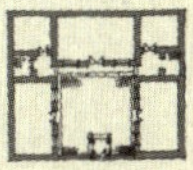		
八卦院		赵知府院	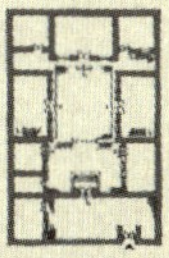	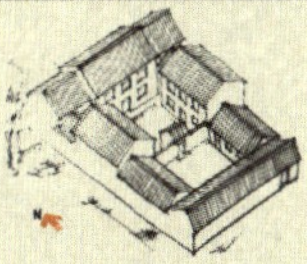	
组合院	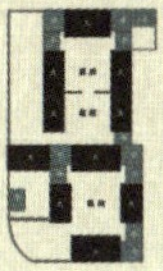	段家院	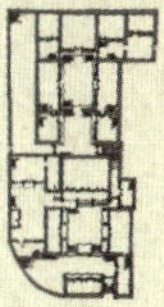	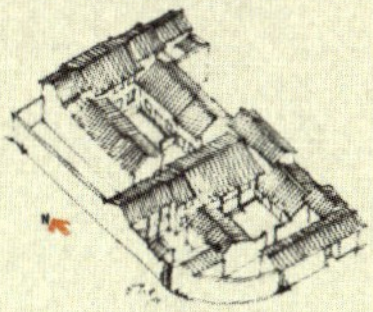	
棋盘院		棋盘四合院	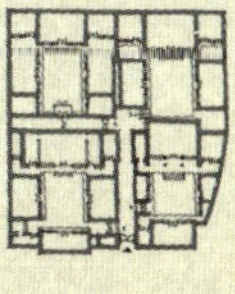	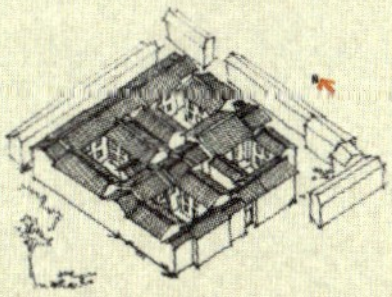	

图3-3 院落形制分析图

2. 院落构成

(1) 院落形制

　　大阳古镇居住院落基本由正房、厢房、倒座、庭院等构成，形制多样，为"四大八小"、"八卦院"、"四合院"、"簸箕院"、"棋盘院"五大类型，并且在此基础上灵活多变，多有衍生组合(图3-3)。

　　1)"四大八小"院落及其衍生形式："四大"即是正房、东西厢房、倒座四个主要房间，"八小"是指位于院落四角的八个耳房。"四大八小"是北方传统合院式民居建筑的典型形式，在大阳当地根据居住需要在其原有基础上衍生出多种形式，大致可分为三种：第一种，在原有院落东或西侧紧邻厢房加建两栋南北朝向的房屋作为正房、倒座，并以高墙围合形成，与原有院落东西并联；第二种，在原有院落南侧加建一排倒座，作为前院；第三种，将两个"四大八小"院南北串联，形成两进院落。

　　2) 簸箕院：簸箕院没有倒座，仅在正房与厢房之间各布置四个耳房。大门常开在与正房正对的院墙中央，或倒座位置盖单层小房。大门东西两侧只有院墙或盖单层小房，形成"三面高一面低"的形式，佣人院或平民独院多采用这种形式。

　　3) 八卦院：八卦院由两座院落南北串联而成，用垂花门或矮墙代替正房，将院落分为内外两院。外院接待客人，举行活动；内院相对私密，为家人生活起居之用。

　　4) 组合院：组合院往往规模较大，"四大八小"、"簸箕院"、"八卦院"南北串联、东西并联而成。各个院落之间设有垂花门相互连通，形成完整的交通流线。

　　5) 棋盘院：棋盘院由四个独立院落共同组成棋盘院形式，独立院落自身形制无一定之规，可为"四大八小"，也可为"簸箕院"。院落群设有大门与外界相连，各独立院落之间形成"十"字形通道供内部使用，并且各自设有院门。

(2) 庭院空间

　　居住庭院多采用"工"、"T"字形平面形式，长宽比约在1:2之间，如常翰林院、赵知府院等(图3-4)。庭院依照建筑轴线对称布置，东西厢房立面统一，进一步强化空间轴线。院内地坪以方砖、条砖相错铺设而成，接缝相对院内轴线对称。入口、阶梯处屋檐下辅以条状石板，铺装材质随高差变化而相应变换，防水排水的同时强调空间界线。院内往往有绿树、古井点缀，增添许多生活气息。庭院依照不同建筑制式以及地形地势，或沿轴线纵向对齐，或因甬道略有偏移，形式灵活(图3-5、图3-6)。

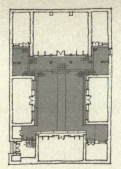
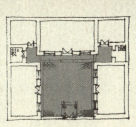

图3-4 庭院形式分析图

图3-5 充满乡土气息的居住院落

图3-6 居住院落里的晒太阳的老人

(3)入口空间

大阳居住宅邸极重视入口处理，即传统居住文化中的"门第"观念。院落四面由建筑与实墙围合，鲜有雕琢画刻，处理内敛，然入口则雕梁画栋，极尽装饰之能。门面于建筑而言，就像人的脸面般同等重要，通体衣着朴实，只需在关键部位下足功夫，便会有点睛之笔。入口空间的处理就如同那点睛的一笔，开门见山，叙述直白，给予整个院落一个强有力的开始(图3-7、图3-8)。

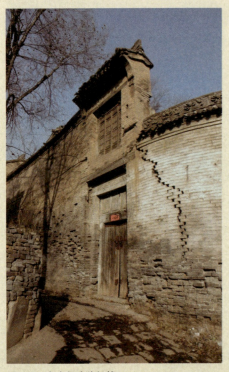

图3-7 高大凝重的门楼

图3-8 精巧别致的屏门

大阳当地不乏绵延数百米的大型院落群，这些院落统一与外界相连的入口以及聚落之中单体院落的入口，有别于其他单一院落。以张氏院落为例，依据入口对于不同的居住单位将其分为两大类：院落群与外界联系入口；单体院落入口。

1) 院落群与外界联系的入口

张氏聚落横跨大阳老街，北侧的院落群主要入口是建兴巷巷口的骑楼。骑楼既作为建兴巷的牌坊，又是老街北侧张氏院落群的入口。经当地人介绍，古时骑楼下有扇大门，大门白天打开,晚上关闭,建兴巷的性质也随之发生公共与私有的变化。此外,张氏主宅的入口也是张氏院落与外界联系的另一个重要入口。位于院落的东南角开向老街,共两层高,高大凝重,装饰精美。入口开向老街,展示张家的地位。

　　张氏院落群在老街南侧的入口空间主要是钱市巷与万楼巷的骑楼以及张督堂院落东侧的拱门。钱市巷和万楼巷起始的骑楼既是街道开始的标志,又分隔了院落空间与喧闹的老街空间。张督堂院落东侧的拱门朝东,与张督堂院大门正对,没有门扇只起到了划分空间的作用。这个拱门是张氏院落群南侧的重要入口(图3-9)。穿过拱门,立刻感知到一个私密空间的到来。

  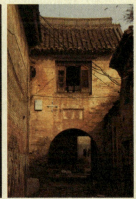 

　　(a)　　　　　　　　(b)　　　　　　　　(c)　　　　　　　　(d)

图3-9　拱门 (a) 建兴巷入口; (b) 钱市巷入口; (c) 万楼巷入口; (d) 张督堂院落东侧的拱门

 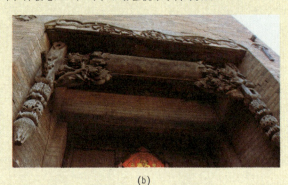

　　　　(a)　　　　　　　　　　　　　　　(b)

图3-10　精致繁复的门额木雕

2) 单体院落入口

　　大阳官商宅邸院落入口多高大挺拔,一般设有门楼;门匾上书院名,四周绘有吉祥图

样；门额下附有木雕装饰，做工精致，选材考究；门扇厚重，铺首做工考究，一般为铁质圆形，纹路各异；门扇左右两侧立有石兽，栩栩如生。入口空间处理往往因门第不同方式各异，商居富贵繁复，官居大气凝重。入口大多沿街布置，或让来客拾级而上，或门前宽敞可稍作停留，布置方式依据所处位置、宅院规模等因素灵活变动（图3-10）。

主要院落入口位于东南朝向取吉利方向，朝东或南。其余次要院落，如花园、佣人房等院落的入口朝向自由，依据巷道形式和功能需求布置。

各院落的入口形制，因院落的形制而定。四大八小式的院落一般采用门楼式入口，门楼多为院落东南角的一个耳房；另一些四大八小院落或其衍生院落，入口开在倒座正中，与倒座结合形成门楼形式，如张氏后人院；而三合院或其衍生院落往往采用独立式随墙门。

考虑到建筑排水的需求，院落内的地坪通常高于街巷的地坪。因此，重要建筑在入口处常常设有台阶，数量两三级不等。同时，台阶将大门抬高，如一个小型的基座，加强了入口的庄重感。此外门洞上方的骑楼上开有外窗，形式多为矩形，以便观察外部环境（图3-11）。

图3-11　单一院落入口

3.营造技术

我国北方居住建筑结构多采用抬梁式构架,在柱顶或柱网上的水平铺作层上,沿房屋进深方向架数层叠架梁,逐层缩短,层间垫短柱或木块,最上层梁中间立小柱或三角撑,形成三角形屋架,两翼辅以砖墙承重。各层梁的两端和最上层梁中间瓜柱上架檩,檩间架椽,构成双坡顶房屋的空间骨架,从椽、檩、梁、柱到基础传力关系清晰的结构体系(图3-12)。

大阳民居单体建筑正房多面宽约10~12米,进深约5~6米,厢房面宽约8~10米,进深约4~5米,长宽比约为1:2。柱顶以斗栱承重,增加檐部挑出,防止雨水渗入结构内部,同时形成檐下灰空间(图3-13、图3-14)。

图3-12 段长官院后院正房抬梁式结构

图3-13 檐下空间

图3-14 常翰林院正房斗栱

| 山 | 西 | 古 | 村 | 镇 | 系 | 列 | 丛 | 书 |

图3-15 民居中略带弯曲的木梁

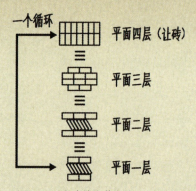

图3-16 空斗墙砌筑方法

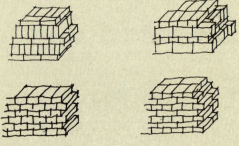

图3-17 条砖墙砌筑方法

图3-18 暴露在外的砖墙结构

抬梁式所需木材较少，并且不受原木长度制约，就地取材，仅对其略作打磨，保持木材原始的生长形态，上清漆之后便可作为成品，形制灵活(图3-15)。

随着明代砖瓦生产的大量增长，除了官式建筑，民间建筑用砖也变得非常普遍。明清时期晋东南地区已经能够熟练地运用砖建造住宅，并充分发挥出材料与结构的合理性能。当时砖块的规格逐渐趋向于统一标准，也产生了多种砌砖的组合方式。大阳居住建筑砖墙的砌筑有平摆、干摆、丝摆等不同方法(图3-16、图3-17)。根据摆砖的顺序的不同又可形成三七缝、梅花丁和十字逢等多种形式，墙体依据自身功能属性的不同所采用的砌筑方式也有所不同。承重墙多为条砖墙，条砖长、宽、厚比例约为4∶2∶1，非承重墙则多采用空斗墙形式，内部填充泥土，俗称"砖包土"(图3-18)。

4.立面构成

传统建筑体系中的装饰较为节制,适用则可,没有无谓的添加。晋商文化对于山西民居产生重要的影响,资本的积累使得可用在居所宅邸的花费无度,又加之独特的审美趣味,导致了建筑立面重视装饰的风气(图3-19)。

图3-19 繁复的立面装饰

传统民居多沿纵向轴线组织空间,所以,纵向轴线上的建筑装饰更显重要。大阳古镇中的民居,其正房、倒座往往雕刻得更为精致,两侧厢房则质朴平淡(图3-20)。

图3-20 正房、厢房立面对比

图3-21 住建筑屋顶鸟瞰

山|西|古|村|镇|系|列|丛|书

图3-22　脊檩行书写建造信息

屋顶是建筑的第五立面。大阳传统民居中轻盈挑出的屋檐、富有弹性的曲线、略带弯曲的屋面、微微起翘的屋角，使建筑物产生独特而强烈的视觉效果和艺术感染力。通过对屋顶进行种种组合，又使建筑物的体形和轮廓线变得愈加丰富。从高空俯视，视觉效果更好，层层叠叠蔓延开去，极富诗意（图3-21）。

5.建筑风水

所谓风水，晋代郭璞在《葬书》中这样论述："葬者，乘生气也，气乘风而散，界水则止，古人聚之使不散，行之使有止，故谓之风水。""生气"乃万物生长之气，是焕发生命力的元素。大阳宅院多坐北朝南，由正房、倒座、东西厢房，再围以高墙形成四合院，将"生气"聚在庭院之内。宅门位于东南角"巽"位，将天地之华由此纳入居所，同时于此处开门讨出入平安的彩头。当建筑即将落成之时，往往要择黄道吉日"上脊檩"，上挂九尺红幡，书以年代信息，表示建筑的正式落成，固不可摧。北墙砌筑之时需将"泰山石敢当"放入其中，用以辟邪挡煞，图求福荫子孙（图3-22、图3-23）。

图3-23　内埋入的泰山石敢当

二、张家院落

1. 院落背景

张家院落位于东大阳中段，南北纵跨大阳镇（图3-24），是明朝万历年间（1573－1620年）兵部侍郎赠予尚书张养蒙及其后人加建的院落。大小院落40余座，房屋千余间，张家祠堂一座。整个院落群的修建历经明清两代，先后100多年，是大阳镇现存规模最大的民居建筑（图3-25、图3-26）。

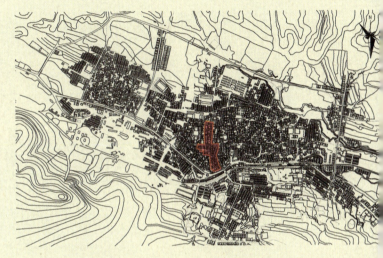

图3-24 张家院落区位图

图3-25 张家院落群轴测图

2. 空间格局

以老街为界，北边建兴巷两旁的院落均属张家；南边从大阳镇老街到万楼巷（今古楼巷）南端，横跨枣市巷（今早市巷）和钱市巷，至南禅院全部的院落也均属张家。

最初的张家院落只有老街以北的院落群。院落群以建兴巷为轴，建筑分列两侧。张家院落在建兴巷上有两个大门，一个在建兴巷起始的骑楼下方，一个在建兴巷的中后段。以此确定建兴巷内张家大院的范围。两侧院落群有着较为明显的南北向的轴线关系，而东西方向的院落关系则是通过连接各院落入口的建兴巷联系起来。张氏主宅位于院落群的东南端，东南大门开向老街。向北延伸的院落作为花园及佣人房，以主宅的院落为轴，分布东西。而建兴巷西侧的院落在东西方向上多为一进，院落群由南向北呈线性分布。

之后，张养蒙的后人于明崇祯二年（1629年）修建老街南侧的院落。院落在格局上延续了老街北侧院落的轴线关系。这

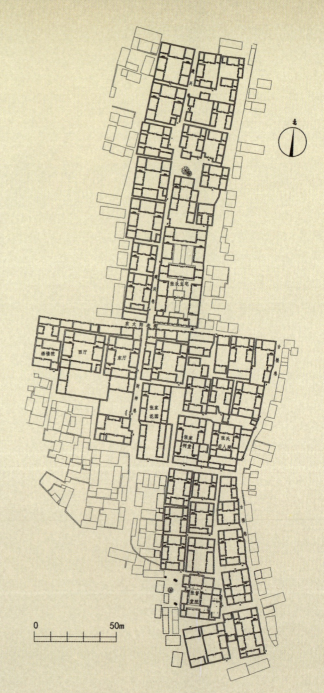

图3-26 张家院落群总平面图

图3-27　张家院落群西厅正房

些院落包括东、西厅院（合称新厅大院）（图3-27）、绣楼院、张家花园（图3-28）、张氏祠堂、邸宫院等。西厅的正房为宴客大厅。祠堂位于张家花园和邸宫院之间。古时，祠堂的作用是族人祭祀祖先或先贤的场所，是一个家族最重要的场所。从张氏祠堂的位置来看，这个时期的张家院落中心向东南偏移。

图3-28　张家院落群张家花园照片

至乾隆年间（1736～1795年），张家后人张轶宗一脉，前后经历30余年，在万楼巷西侧建成窦家圪垱，包括张督堂院、马房院等院落。这次修建的院落顺应了院落整体向东南方向发展的空间趋势，形成三条南北轴线和五条东西轴线的院落群，使祠堂成为老街南侧院落群的中心（图3-29、图3-30）。至此，张家院落规模成型（图3-31）。

| 山 | 西 | 古 | 村 | 镇 | 系 | 列 | 丛 | 书 |

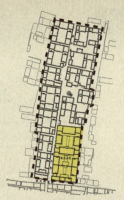

明万历年间

明崇祯年间

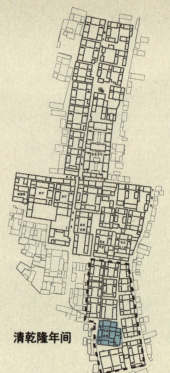

清乾隆年间

0 50 100m

图例

- - - - 修建于明朝万历年间　　□ 张氏主宅
- - - - 修建于明朝崇祯年间　　□ 张家祠堂
- - - - 修建于清朝乾隆年间　　□ 张督堂院

图3-29　张家院落发展图

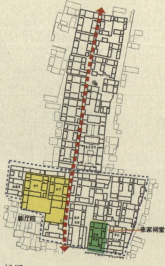

图3-30　张家院落空间分析图

3.道路格局

张家大院规模宏大，内部道路繁多。除主要街道外，还有巷道和夹道。巷道是连接主要街道和院落入口的道路；夹道是在修房时为满足基础需求，两院的墙体各退一尺半形成的院落之间的道路，它往往不连接院落的主要入口。对比老街南北两侧建筑群的道路，我们会发现，老街北侧院落群道路格局清晰明了，而南侧相对复杂，道路等级较多。

老街北侧院落群有一条主要街道——建兴巷(图3-32)——连接了大阳镇的商业老街和各主要院落的入口。由于北侧院落在建兴巷两侧由南向北一字排开，东西方向上的院落多为一进，所以北侧院落少有巷道。

在分析老街南侧道路时，依据其修建年代将其分为南北两部分(图3-33)。南北两部分院落群由连接钱市巷与万楼巷(图3-34)之间的巷道分隔。北侧院落群以钱市巷为主要街道，向东、西方向展开院落组团。组团内部巷道较少，院落之间多是靠相邻的耳房联系。南侧的院落群由一条南北向的主要道路贯穿。不同于北侧院落群的道路体系，南侧有很多巷道和夹道(图3-35)，院落与院落之间是靠巷道联系起来。因此各个院落也相对独立。

图3-31　万楼巷上张家院落外立面

图3-32　建兴巷街景

老街南侧院落群道路分析图

崇祯年间修建的院落群道路分析图

– – 主要街道（钱市巷）
– – 巷道

乾隆年间修建的院落群道路分析图

– – 主要街道（万楼巷）
– – 巷道

图3-33　老街南侧张家院落道路结构分析图

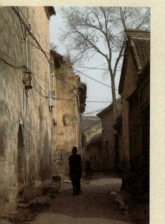

图3-34　万楼巷街景

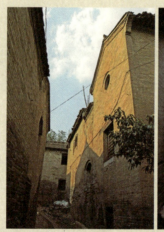

图3-35　巷道与夹道

4. 主要院落

（1）张氏主宅

1）院落背景

张氏主宅是明万历年间（1573～1620年）尚书张养蒙的住所，具体修建时间不详。主宅位于东大阳中段，西邻建兴巷，南接东大阳老街，共三进院落（图3-36、图3-37）。院落东西向宽约22米，南北向长约54米，规模宏大，是张家院落群中等级最高的居住院落。

2）空间格局

张氏主宅的院落形制是在两进"四大八小"院落的基础上衍生出的三进院。前院是一个过院，等级最低，中院作接待客人、举行重大仪式之用，后院是主人生活起居的场所（图3-38）。

院落的主入口位于前院的东南角，开向老街。前院无正房，中院无倒座，两院由一面砖砌的进士坊分隔。进士坊上有精美的麒麟石雕。古时麒麟有富贵之意，喻指主人家业富贵兴旺。进士坊的中间和西侧各有一个门，主人和重要的客人从中间的大门进入中院；佣人则从西侧的小门进出。前院倒座的一层对外开门，是买卖之用。故倒座朝前院无门窗，而是一面照壁，嵌有砖雕的麒麟，在主人出入厅房时形成对景，有聚财之意。照壁前搭建了一个戏台，满足消遣娱乐之需。前院东西两侧的厢房，均为三开间、二层的砖木结构建筑（图3-39）。

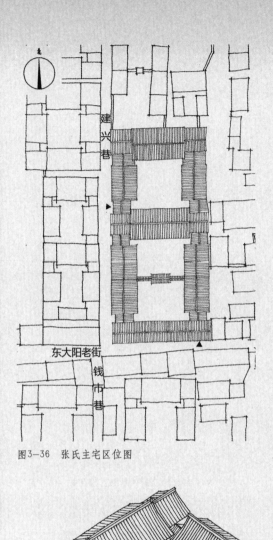

图3-36　张氏主宅区位图

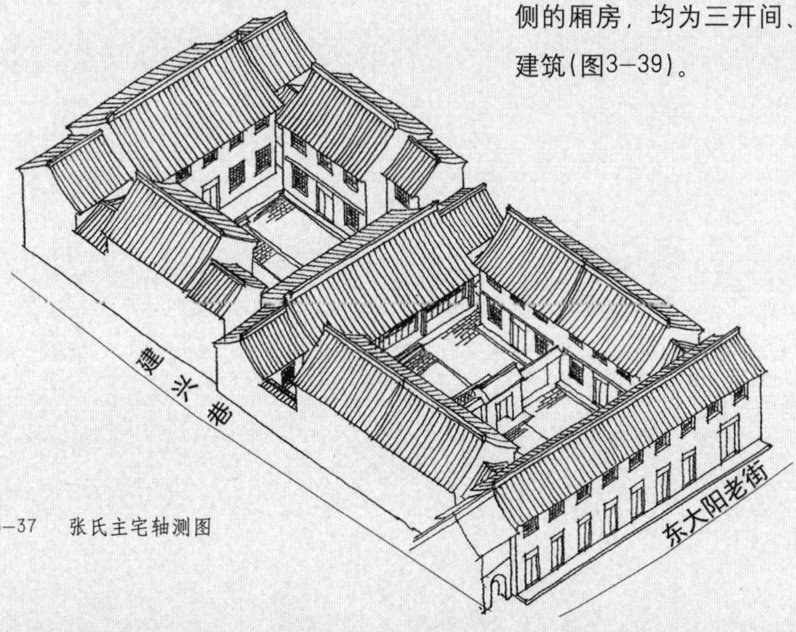

图3-37　张氏主宅轴测图

山│西│古│村│镇│系│列│丛│书

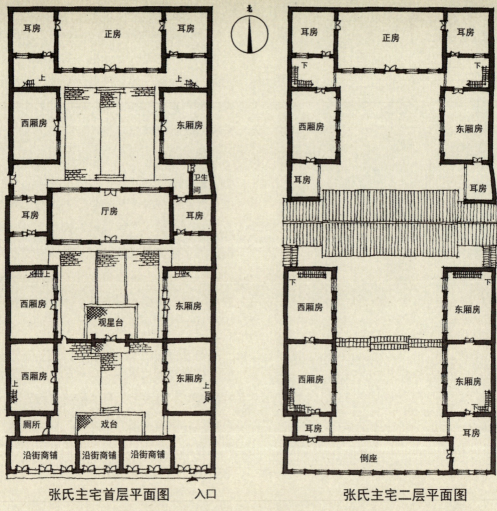

张氏主宅首层平面图　　　　　　张氏主宅二层平面图

图3-38　张氏主宅平面图

  中院是接待客人及举行重要活动的场所。中院北边原有一层的大厅房（今已拆毁），四梁八柱，进深达8米之多，恢弘大气。据当地老人讲述，古时张家宴请宾客，厅房内可摆设12张八仙桌，足见其地位之显赫。中院南侧有1.5米见方的观星台，古人建此寓意天人合一。中院东西两侧为二层高的厢房，东北、西北二角各有两间耳房，作为交通空间使用，联系了中院和后院。

  后院是张氏主人起居生活的场所（今已废弃），由正房（图3-40）、东西厢房和四个耳

图3-39　张氏主宅前院

图3-40　张氏主宅后院正房后院

图3-41　张氏主宅后院正房一层梁架

房组成,均为二层建筑。后院的正房五开间,足见等级之高。正房一层的水平承重采用藻井结构(图3-41)。东西厢房均为三开间,面宽近9米。后院正房的东西两侧各有一间耳房作为纵向交通空间连接一层与二层,二层房间之间相互联通。

(2) 张督堂院

1) 院落背景

张督堂院位于张家院落群的南端(图3-42、图3-43),是张氏后人张轶德的住所,修于清代乾隆年间。张督堂院的正房与倒座的脊梁下均有题字(图3-44):"乾隆四十七年(1782年)年岁次壬寅正月□□□□□□□□大吉宅主张珠诰仝督工匠人赵旺建造□□□□□□"。

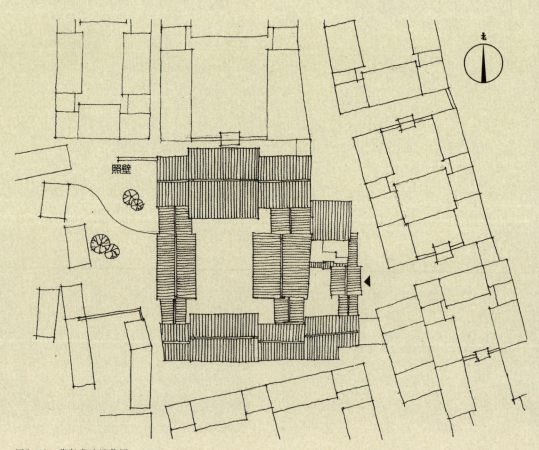

图3-42 张督堂院区位图

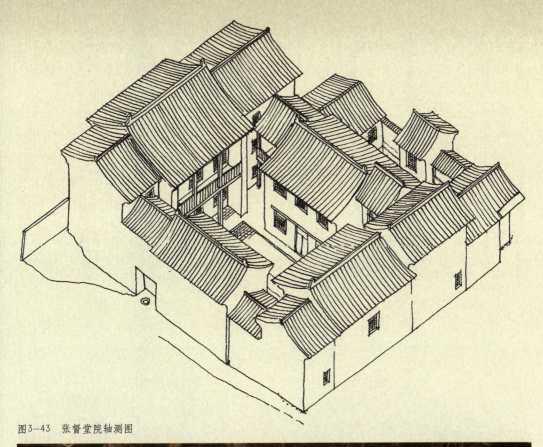

图3-43 张督堂院轴测图

图3-44 张督堂院内院倒座梁上的题字

2）空间格局

张督堂院坐北朝南，由两进院落组成。是"四大八小"式院落向东衍生出一个跨院的院落格局（图3-45）。入院的大门开向正东，正对着由古楼巷进入张氏大院的拱门。站在万楼巷上，透过拱门，可以看到张督堂院高大的门楼(图3-46)。

| 山│西│古│村│镇│系│列│丛│书 |

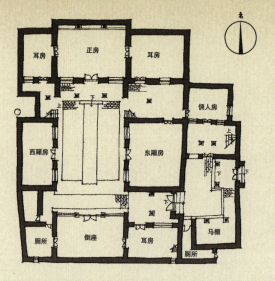

张督堂院首层平面图　　　　　张督堂院二层平面图

图3-45　张督堂院平面图

图3-46　入口门楼速写

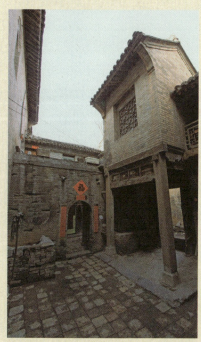

图3-47　张督堂院的外院

第一进院落是外院，主入口开在东墙上，正对东厢房的后墙。入口处有两道门，佣人牵牲口经过第一道门后直接向南转，进入外院南侧的牲口棚，主人则直接通过两道门进入院中（图3-47）。外院北侧被墙体隔出一个独院，作为佣人房。外院的西南角是通往内院的门楼。门楼宽约2.5米，高约6米，高宽皆大于主入口的门楼，通过高宽的变化实现空间等级的提升。

　　内院形制类似传统的"四大八小"式，南北向长9.5米，东西向宽7.5米，尺度大于一般民居的庭院（图3-48）。从主入口到外院，再由外院穿过门楼进入内院，人们感受到空间上的两次收放，强调了院落等级由低到高的变化，给人留下了深刻的印象（图3-49、图3-50）。

图3-48　张督堂院的内院

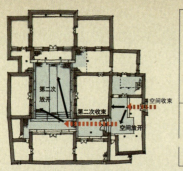

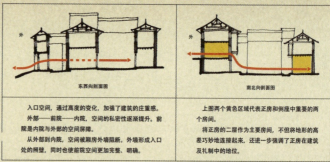

图3-49 平面上的空间关系图　　图3-50 剖面空间分析图

3）交通流线分析

张督堂院的内部交通分为水平和竖向交通两部分。水平交通在一层，与二层并不相同。一层的交通流线主要通过院落来组织。外院联系了各辅助用房，内院联系了四个主要房间，内外院落通过走廊这个公共空间连接，东北角的一个小院子将内院与佣人房的小院连接起来；内外院落二层的水平交通相互独立，内院形成环形的水平交通，"八小"将四个主要房间联系起来，外院则是通过平台与门楼连廊连接各房间。

竖向交通有四处，外院一处，内院四处。外院的石梯位于佣人院内东侧，连接院子与平台；内院的竖向交通分布在西北、东北、西南和东南四个角落，使二层路线形成环路（图3-51）。

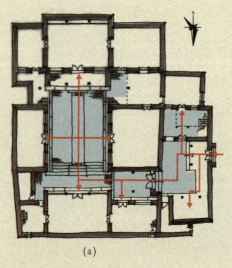

(a)

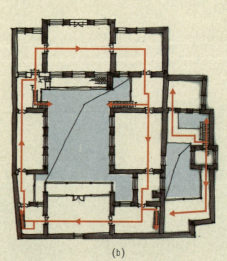

(b)

图3-51 张督堂院交通分析图
(a) 首层平面；(b) 二层平面

4）建筑单体

内院的正房为三开间，共三层。一层北侧是土壤，故在北墙做一扇木屏风，用以防潮。由于基地地形南低北高，正房的二层楼板恰好与基地北侧地面相接。古时，正房的二层有北门，可从二层直接到达北边的花园。在正房中，等级最高的是二层房间，故其梁上的彩

图3-52　张督堂院倒座

画最为精美。另外，正房外部用柱子架起走廊，有趣的是，走廊与内部楼层并不对位，而是在高度上平分了建筑，因此从内院看去，正房是一个更加高大的二层建筑，彰显地位的尊贵。

厢房和倒座均是二层建筑，且都是三开间。东西厢房相比，东厢房进深大，达5.5米，等级较高，这一点还可从东西厢房的高度及屋顶装饰上看出，东厢房略高于西厢房，且其正脊上的吻兽更加精美。倒座房的立面形式不同于正房和厢房，它的开窗不是窗洞，而是将墙体砌至窗高位置，之上全部是木质窗户。倒座二层有出挑的走廊，挑廊处的柱子落在一层的梁上并不落地，走廊下形成了一个没有竖向隔断的灰空间，使倒座看上去更加轻盈（图3-52）。

三、裴家院落群

1.院落背景

裴家院落群位于东大阳老街以北，西邻关家巷，东接裴家巷（图3-53～图3-55），为嘉靖年间（1534～1566年）尚书裴宇及其后人宅邸。裴家院落群由官宅"光禄第"及民宅组成。"光禄第"共计房屋300余间，九进11个院落，依地势由南往北逐渐升高，呈九宫格式排列，由此对称展开，西侧三院合称麒麟院，东侧三院合称狮子院，中间三院为中院，取"中和之气"，寓意文武相谐。裴家民宅散落在"光禄第"北侧，现已不存。

| 山 | 西 | 古 | 村 | 镇 | 系 | 列 | 丛 | 书 |

图3-53 裴家院落群区位图

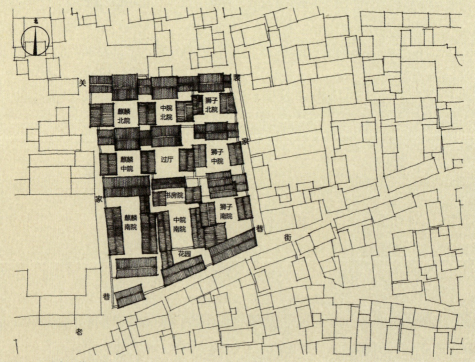

图3-54 裴家院落群总图

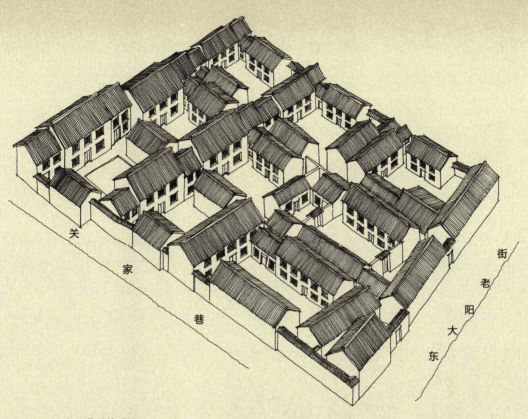

图3-55 裴家院落群轴测图

2.空间格局

裴家院落群原先由九进十八个院落组成,现存十一个院落。[1]通过面向裴家巷、老街和关家巷的7个出入口与外界联系。整个院落群呈"三纵三横"格局(图3-56、图3-57)。

东侧狮子院院门直接面向裴家巷南段。狮子南院位于院落群东南角,倒座(即南侧沿街店铺)在院子方向不开窗,可通过院落西北角巷道到达麒麟中院。狮子中院为典型的三合院格局,通过西厢房北侧的巷道连接狮子北院。虽然狮子三院院落格局不甚相同,但都是通过西北角的巷道去往中院。

---

[1] 现如今院落格局虽得以保留,但内部流线及功能发生了细微的变化,一些院落之间的院门或通廊被加建的厨房或储藏室封堵。

山│西│古│村│镇│系│列│丛│书

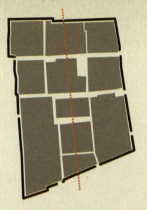

图3-56 裴家院落群格局

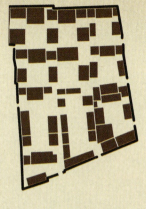

图3-57 裴家院落群图底关系

中院（图3-58）位于整个院落群的中轴线上，由北院、过厅、书房院、主院、花园五部分组成。北院、过厅及书房院均为三合院，由北向南依次排列，北侧院落东西厢房与南侧院落正房之间自然而然形成了通廊，从而连接了麒麟院与西边院。

麒麟院（图3-59）与西边院的院落流线组织大抵相似：为了保证各个院落之间的独立性与完整性，不同院落之间不可能穿屋而过，只能通过东西向并排的不同院落院墙所夹的巷道连接。曲折蜿蜒的巷道丰富了院落的层次，饶有趣味。与狮子南院倒座为沿街商铺不同，麒麟南院与老街之间有一花园相隔，因此院落入口直接面向老街（图3-60～图3-64）。

图3-58 裴家中院花园

图3-59 裴家院麒麟院南院速写

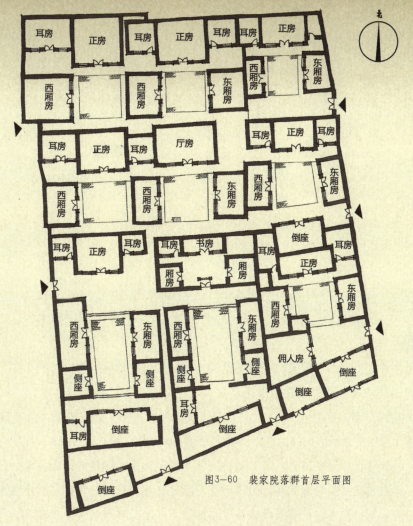

图3-60 裴家院落群首层平面图

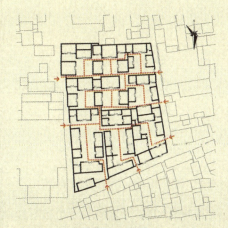

图3-61 裴家院落群交通组织

图3-62 院落之间的连廊（一）

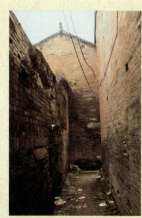

图3-63 院落之间的连廊（二）

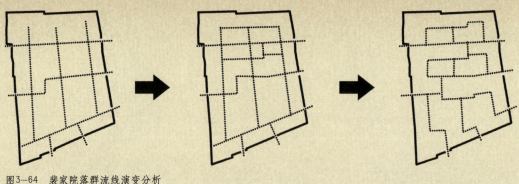

图3-64 裴家院落群流线演变分析

3. 主要院落

(1) 中院过厅

作为中院的中心，过厅虽小，但却最精美。过厅为典型的三合院布局，是公共空间与私密空间的过渡点，同时贯穿的交通也使其成为最具活力、最繁华的空间，不论身份地位，佣人在这里可以随意出入，主人在这样一个室外客厅，会客赏景。整个院落视野开阔，四通八达，因此周边建筑的围合界面也就显得尤为重要。

作为过厅核心的堂屋（图3-65）面宽三间，两层通高，虽破坏严重，但却风韵犹存，是起居、会客的场所。堂屋南立面装饰精美，石柱和隔扇形成的均衡序列使堂屋看起来错落有致。南墙的斜方格纹格扇及横披窗纹样简洁，平常自然开启，采光充足，因此堂屋也叫做"明堂"。木质隔扇经过长年累月的风吹日晒腐朽风化严重，整个堂屋的保存状况较差。细长的石柱拉长了视觉比例，使整个堂屋显得高耸挺拔。

堂屋东西两侧的厢房两层高，略低于堂屋，面宽三间。二层的拱形砖过梁活跃了立面效果。院落西南角的楼梯直接通向西厢房二层。厢房的楼梯通常位于屋内，或者是在与厢房相连的北侧耳房处，这种楼梯直接通向厢房二层的做法应该是由于场地条件有限，简化而为之。作为公共空间的过厅，厢房采用直通式的楼梯，加强了与院落之间的联系。

(2) 中院南院

中院南院（图3-66）由花园、内院、书房院三个部分组成。不同于大多数院落宅门正对影壁的做法，通过入口处狭长的巷道和巷倒尽头开阔的花园来增加院落层次感。这种欲扬先抑的手法延长了院落流线，避免了没有影壁的不足。

图3-65　中院过厅堂屋

图3-66　裴家中院南院

花园规模较小，院落东西向与南北向长宽比约为2∶1。院落原先东、西、南三侧均有二层高的房屋围合，东侧的厢房因破坏严重已毁，现存西侧厢房保存较好，面宽较小，仅两间，一层的门窗过梁由一整条长石砌筑而成，二层的弧形砖砌过梁与过厅厢房一样。虽然院落北侧的中门连同两侧的门房是花园与内院的隔断，但是从花园向北望去，只能看到完整的墙面及中门。砖雕的中门装饰精美，过梁、斗栱等仿木构件纹理清晰。中门两侧的隔墙略低，约厢房一层高，使得花园和内院的连贯性增强，隔而不断。

内院由两层高的东西厢房组成，是主人活动、休息的主要场所，私密性较强。内院与花园的东西厢房从外面看虽然挨着，内部却并不相连。夹在二者之间的门楼两层高，底层架空，连接了内院与狮子院。与花园的东西厢房相比，内院厢房层高较高，凸显了内院的主要地位。[1]厢房屋檐下的木额枋直接搭在砖墙上，与二层的窗扇连为一体。

1　赵新良，诗意栖居——中国传统民居的文化解读，北京，中国建筑工业出版社，2009年，第46～52页。

书房院小巧精致，进入大门后正对屏门，题额"尚友院"，院内房屋均为一层，正房及厢房面宽三间。高耸的院墙保证了书房院的私密性，同时将私密的内院与书房院北侧开放的过厅充分隔开。从轴线关系来看，书房院落略向西偏，厢房西侧的通道完全掩映在交错的屋顶下，从内院无法看到。这种做法保证了内院的完整性与私密性。

图3-67 常家大院区位图

四、常家院落

1.院落背景

常家大院位于东大阳二分街钱市巷中段，北侧和东侧与张家院落毗邻（图3-67）。常家大院始建于清道光年间（1821~1850年），是常恒昌及其家族的宅院（图3-68、图3-69）。宅

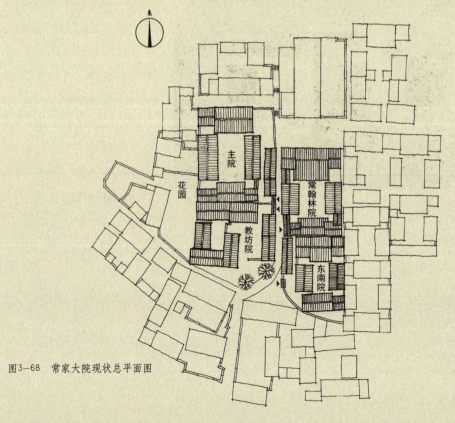

图3-68 常家大院现状总平面图

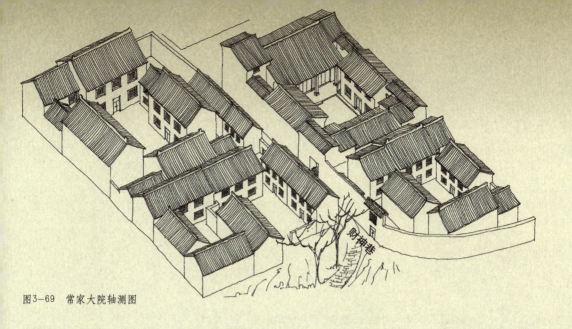

图3-69 常家大院轴测图

主常恒昌曾任清道光甲辰（公元1844年）进士、翰林，云南兵备道、浙江布政司、浙江巡抚。[1]总体来说，常家大院由于建设时代较晚，所以保存较好，土改和文革时期虽遭到一定破坏，但整体风貌尚佳。

2.空间格局

常家大院由四个院落组成，均坐北朝南，沿钱市巷两侧布置，呈田字形格局，共有房屋百余间（图3-70）。由于钱市巷的地势南低北高，所以常家院落群也因势由南向北逐渐升高（图3-71）。常家院落群东侧两个院落稍向南移，使常翰林院北侧与张家花园之间形成一片开阔地带，自然地形成了两个大户人家宅院的分界。西北为主院，东有一进小院为护院，西侧有一处后

图3-70 常家大院首层平面图

---

[1]《清史·常恒昌传》。

图3-71 常家院落南端照片

花园；东北为常恒昌常住的地方，又称常翰林院。

　　常家院落均朝钱市巷开门，院落间交通成支状流线形式；通常大户人家的各个院落都是相通的，便于一家人之间的交流及统一管理，但是由于钱市巷的属性是公共街道，所以院落群被割裂，内部沟通私密性较差（图3-72）。

　　位于对角线上的西北院（主院）和东南院采用的格局比较特别，是套院的形式（图3-73）。内院外有一进护院，作为缓冲区。这种布置方法增加了内院的私密性和安全性，成为公共区域与私密区域的过渡空间；同时，也把佣人与主人的使用区域隔离开来。古时，这种护院也兼做武教坊用。

图3-72 常家大院交通分析图

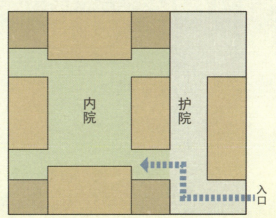

图3-73 带护院院落格局示意图

3. 常翰林院

常翰林院是常恒昌常住的宅院，是常家大院中最精致的院落（图3-74）。常翰林院的格局是标准的四大八小合院（图3-75）。院落坐北朝南，西南角开门，朝向钱市巷。院落基本呈方形。正房高一层，其东侧耳房高两层，西侧耳房高三层，是整个常家院落群最高的建筑，东西厢房均两层，倒座高一层，其两侧耳房两层。建筑高度与院落边长之比接近1∶1，尺度适中，给人一种亲切的感觉。庭院蕴含着一种静谧而典雅的气氛，是读书人气质的体现，不追求浩大、但追求精致，含蓄而又不失华丽，文人雅士的品位得以彰显。常

图3-74 常翰林院

翰林院基本保存完好。

由于钱市巷地势北高南低，而院落内部是水平的，所以常翰林院在解决这个问题时将院落南侧垫起，使得入口处地坪比钱市巷地坪高出约1米，通过几级台阶联系内外，入口门楼给内外一个缓冲的灰空间。正房地坪正好与其后面的道路平齐，通过北墙正中的开门，可以直通外部公共道路。院内排水系统也自然顺应这个高差顺利排出。整个院落的竖向交通有两处，均在室外，分别位于东西厢房北侧，通往耳房二层，再到达二层其他房间。

正房面宽三间，进深八椽，悬山式屋顶。抬梁式屋架结构（图3-76），四根小八角石柱上承托着斗栱四朵，单抄四铺作，石制柱础。值得一提的是，两片山墙面内各有一榀屋架，

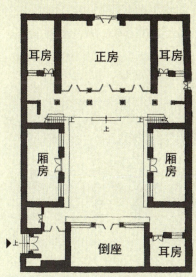

图3-75 常翰林院一层平面图

檩条搭在屋架上,屋架再把力传给山墙面内的柱子,山墙面只起维护作用。后墙里侧有一排柱子,起壁柱的作用,承接屋架传下来的力,让砖砌筑的墙面受力性能更好,更稳定。正立面维护结构向后退一椽的距离,让出一个入口灰空间,作为室内外的过渡,并增加立面的层次,让立面呈现出更鲜明的光影效果。原先明间、梢间均开门,门扇上有帘架。这在居住建筑中并不多见,可见当时常翰林院之气派。

图3-77 常翰林院第一进院落正房内部

图3-78 倒座正立面照片

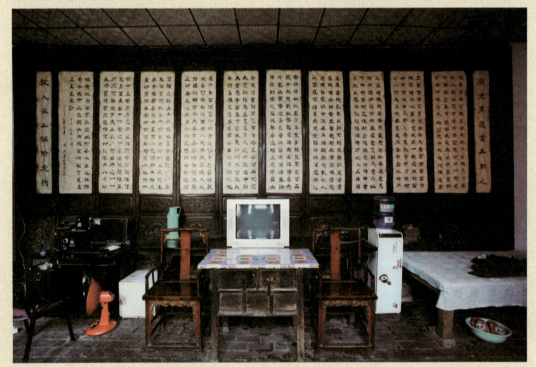

图3-79 常翰林院倒座室内

正房内部原本是一个整体的大空间。屋内梁架装饰繁多，平梁的梁头处也做了蚂蚱形处理，枋和檩条下的替木之间有坨墩雕花做装饰，纹样复杂，保存完好，较为少见（图3-77）。梁栿及檩条上均有彩绘，依稀可见。

图3-80　常翰林院倒座室内隔扇局部

东西厢房对称，面宽三间，进深五椽。外部较为朴素。一层内部可以看见一粗壮的梁，直径约500毫米，承托着上部所有檩条传下来的力。二层可以看到两榀抬梁式屋架，作为四椽栿的木材异常弯曲。门窗过梁均采用贯通的木过梁。一层窗台有压窗石，二层窗台则采用丁砖砌筑窗台。值得一提的是，通长的木过梁上方的一皮砖也采用让砖（丁砖）的砌筑方式，有效减缓了木材的腐朽。

倒座面宽三间，进深五椽，石制小八角方柱落在石制的柱础上（图3-78）。倒座的窗户等级较高，中央两扇窗的外侧挂有一层帘架，保存完好，这种做法较少见，一般只有门上才有帘架。倒座内部有精美的隔扇（图3-79、图3-80）。

五、棋盘院

1. 院落背景

棋盘院位于东大阳一分街醋坊巷南段，也称"四合院"，始建于清雍正年（1678～1735年），是闫家大院的一部分（图3-81～图3-83）。闫家大院占据整个醋坊巷的西侧，棋盘院是其中最南端的院落。宅主闫大授是雍正乙卯（1735年）举人，曾任邱县县令。

图3-81 棋盘院区位图

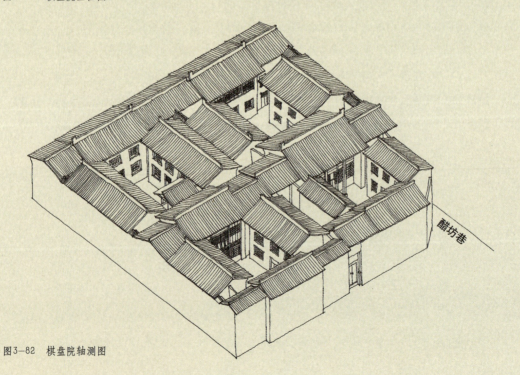

图3-82 棋盘院轴测图

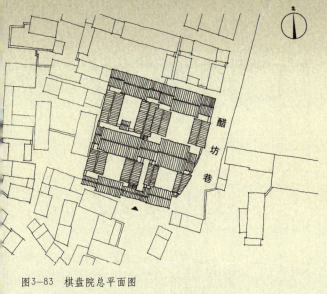

图3-83 棋盘院总平面图

2. 空间格局

棋盘院由四个院落组成，呈田字形布局，有横纵两条轴线，中间由一条甬道隔开，形制类似棋盘（图3-84、图3-85）。每个院落均坐北朝南。由于地势南低北高，北边的两个院落比南边的地坪高出约0.5米。棋盘院布局紧凑，统一而又独立，每个院落之间影响甚小（图3-86）。

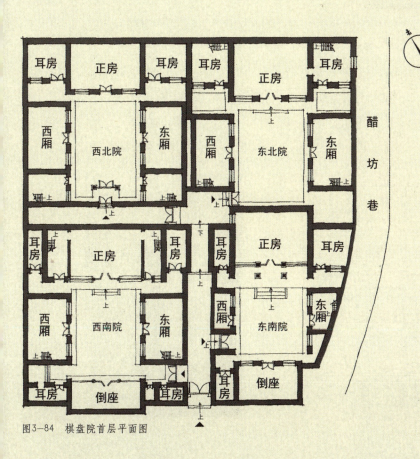

图3-84 棋盘院首层平面图

| 山 | 西 | 古 | 村 | 镇 | 系 | 列 | 丛 | 书 |

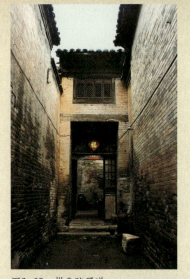

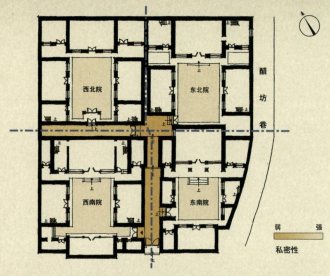

图3-85 棋盘院甬道　　　　　　图3-86 棋盘院轴线及外部空间私密性分析图

　　棋盘院四面外墙很厚，基本不开窗，只有一个出入口，位于南侧正中，私密性极好，防御性很强。据村民讲，抗日战争时期，日本人攻进大阳镇，棋盘院是唯一一个没有被日本人洗劫的院落。至今，棋盘院南面外墙的右上角还留有几处弹痕。

　　棋盘院内部交通为支状，以甬道为核心（图3-87）。西北院比较特殊，为一进三合院，建筑并没有紧贴着南面西南院堂屋，而是留出了一条次一级的甬道作为入口通道（图3-88）。

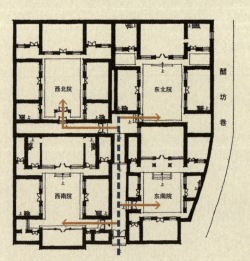

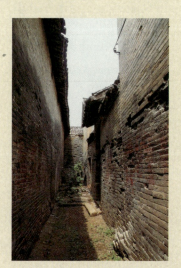

图3-87 棋盘院交通流线分析　　　　　　图3-88 棋盘院西北院前次一级甬道

3. 主要院落

棋盘院中的四个院落空间尺度较为相似，建筑高度与院落边长比均在1：1左右，给人以亲切的感受。东侧两进非常精致，西侧两进则较为普通。可以推测出与中国古代传统文化中以东为贵的思想有关，东边布置相对重要的房间，比如主人的宅院，而西边可能是晚辈或者佣人的住所。

(1) 东南院

东南院为四合院，在棋盘院中等级最高、装饰也最精美（图3-89）。堂屋面阔三间，进深约5米，两层通高。堂屋檐柱为石制方形。由于层高较高，柱子比较细长，比其他院子所用的石柱都小，而每个开间的大小又与其建筑相差不多，所以整个堂屋显得高、修长。再加上台明较高，整个堂屋就显得更高了。出檐较

图3-89 东南院落堂屋南立面

其他建筑大，雀替雕饰精美。东西厢房两层，倒座两层，均面宽三间，西厢房南侧梢间开门洞，作为该院落通往外部走廊的入口。

(2) 东北院

东北院为三合院，没有倒座（图3-90）。正房面阔三间，两层。一层用窗间墙做砖柱，二层用木柱传递竖向荷载。这样既减轻了荷载，又有利于室内采光。东西厢房两层。

在这个院落中最有特点的是四个角处的门（图3-91）。除了西南角的过门作为东北院的正门外，其他三个过门将中间庭院与耳房前小院在空间上进行分隔，既强化了主要庭院的围合感，又使得作为辅助功能的耳房更隐蔽。过门檐口处的砖仿木构件雕刻精美，椽子、斗栱、额枋、平板枋等，甚至耍头都刻画得细致入微。由此可见，当时匠人们高超的砖雕技艺以及人们钟爱木制构件形式的审美情趣。

(3) 西北院

西北院为一进三合院，正房、厢房以及耳房均面宽三间，两层，正房最为高大（图3-92）。建筑外观比较相似，立面统一。

入口处开门方式比较特别。它并没有像与它处在对称位置上的东北院落一样通过耳房从侧面进入式，而是采用了"随墙门"的形式把门开在南墙正中，并在次级甬道的入口处再设一道门。这样，次级甬道就成了一个独立的空间，在公共区域与院内私密区域之间起到过渡作用。进入西北院的流线被加长，私密程度得到大大提高，可以推测这里以前可能是小姐居

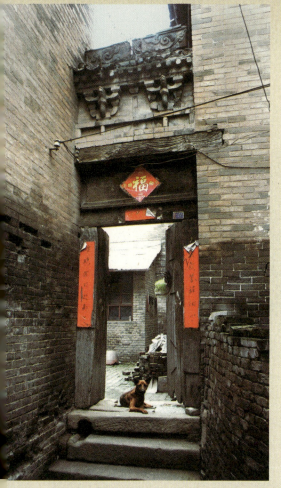

图3-91　东北院入口

住的地方。由于采用了随墙门的形式，为了让入口处显得不那么单薄，在一个门楼下设置了两道门，内门供主人穿越，两道门之间没有门的通道供佣人通行（图3-93）。

图3-92　棋盘院西北院

图3-93　棋盘院西北院入口二道门

六、君泰号

1.院落背景

君泰号位于西大阳老街中段，与金家大院隔街相对，东临段张巷，占据了西大阳繁华之地（图3-94、图3-95）。商号始创于乾隆年间，东家靳炳海、靳炳山兄弟二人，祖籍高平苟头村，相公出身，少年时曾在大阳当地做学徒。善于经营，后自立门户，建立"君泰号"，创办太盛岐炉场，雇有骆驼队，一年四季运销铁货和食盐，发展至近代已成为颇具影响的商号势力。君泰号主营铁器，兼营当铺、钱庄，并在山阳、河间设有分号，经营京广百货粮油、晋陕特产等，生意广达四海。适逢时局动荡，金银运输受阻，票号之间资金难于周转，兴盛百余年，后于抗战前衰落。商号院一进院西厢房内檩条上书"清道光年……"，由此可推断君泰号院始建于清代道光年间（图3-96）。

图3-94 君泰号区位图

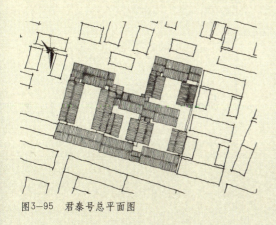

图3-95 君泰号总平面图

图3-96 商号院西厢房内脊檩

2.空间格局

君泰号院落由商号院、主人院、家丁院三个院落并联而成，西北建有花园，交界处各设有侧门，相互连通（图3-97、图3-98）。院落形式为组合式，商号院为"八卦院"，位于西端，主司店铺经营；仆人院为"四大八小"，位于中段，供仆人家丁居住，连接东西两个主要院落；

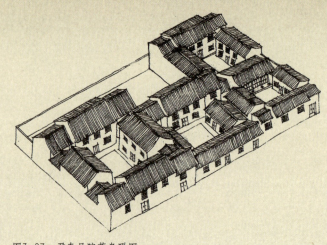

图3-97 君泰号院落鸟瞰图

主人院为两个"四大八小"院落纵向串联而成，前厅后舍，位于东首。据平面关系可以看出，院落之间相互连接，形成一体，并且等级分明，形成服务对象以及被服务对象的关系（图3-99）。等级的区分与其相应功能以及空间属性有密切关联，并且在院落形制、建筑体量及空间品质上有明显表现。

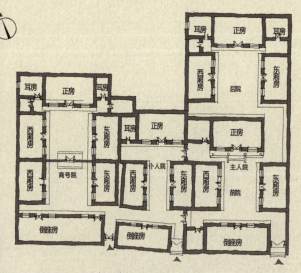

图3-98 君泰号首层平面图

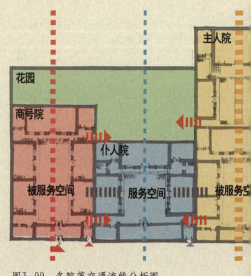

图3-99 各院落交通流线分析图

3. 主要院落

(1) 主人院

主人院前后两进，为典型居住院落制式，相对较为私密。院门高大临街，位于东南，正对石质照壁。面宽略窄，门楼高约8米，两侧墙壁内收，呈"八"字形状，额枋、雀替饰有精美木雕，门扇宽约0.9米，左右辅首为"蝙蝠纹饰"（图3-100）。门楼上方设有眺阁，正方开窗，若立于门下，难以进入视野之内，若远观之则可见得其与下方门扇虚实相应，更显门楣高大。

第一进院落南北略长，空间感觉舒适，且仪式性较强，此为居住院落之"前厅"。第二进院落长宽比约为1：2，空间围合性及私密性得到加强，此为居住院落之"后舍"。第一进院落围合建筑沿轴线对称布置，东西约6米，南北约10米，正房以东为联系两进院落的甬道，第二进院落延续前院轴线，厢房向院内收缩，庭院较之前院略显狭长。

第一进院落正房台基略有抬高，体量感强于厢房，强调正中位置，对建筑体量形成

图3-100 门楼缩影

图3-101 主人院正房柱础

烘托，立于院内轴线之上视线需呈仰视，立面形象得到放大。正房为典型"四梁八柱"体系，覆盆式柱础（图3-101），额枋上雕"凤戏牡丹"图样，斗栱为卷草龙纹样式，左右两植物纹路自然流畅，建筑立面处理典雅大方。正房屋脊挑出约1.6米，檐口略较台基偏外，形成檐下灰空间，梁上部绘有彩画，样式图案清晰（图3-102）。

东西厢房尺度相对平和，且立面处理朴素简洁，空间感受较为宜人。前院倒座高约8米，对院落空间形成庇护，隔绝之外街巷影响。

第二进院落四周围合建筑体量较高大，正房二层设有阳台，使得原本生硬的空间产生跳动，增添了生活气息。正房东西两侧耳房略高出正房屋脊，形似官帽，寓意升官发财，又有"避邪镇宅"之说。东西厢房立面形象朴素，砖砌墙壁加重了建筑体积感，尤显厚重，立于其中则显得院内高墙四立（图3-103）。

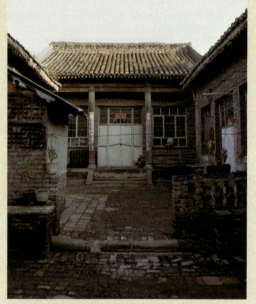

图3-102　主人第一进院落空间面貌

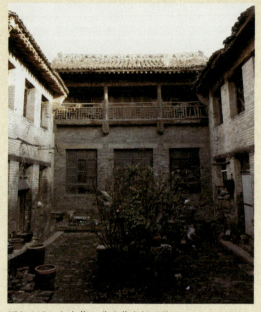

图3-103　主人第二进院落空间面貌

(2) 商号院

商号院共为两进，为日常经营场所，对外开放，院落属性外向，居住环境相对弱化，庭院空间较为生硬。院门位于东南，较之居住院落门楣略显低矮，额枋横于其上，鲜有装饰，入口空间的处理朴素内敛。倒座临街南墙正中设有店门（图3-104），正对屋内砖制照壁。经由倒座北侧格栅可进入院内，一进院东西厢房内设

图3-104　君泰号店铺沿街立面

账房、仓库，北侧立有垂花门，将院落一分为二。二进院东西厢房、正房并作仓库储藏使用，厢房较一进院向院内略收，空间相对私密，正房以东设有侧门，连接后花园，也与家

丁院相通。

商号院虽为君泰号室外厅堂，对外彰显商号势力，却鲜有装饰，院落空间相对于围合建筑立面尺度略小，空间处理较为单一（图3-105），停留感较强。正房、厢房倒座均为二层砖质建筑，立面表达较为单一。仆人院内建筑均为一层，尺度低矮，且保存较为破败，多处出现塌落。倒座房南北两侧均开有门洞，以连通院落内外，南侧门开为院落入口，与仆人院倒座、主人院倒座共同构成沿街立面。南北两侧中间立有照壁，在视线上起到了遮挡的效果，使得院落内外不至于直接相对，形成过渡，缓冲外部对于院内环境的影响。室内正对大门为石质插屏照壁，壁心有"平安富贵"砖雕，尺度较小，形制样式精致细腻。室内两侧设有柜台，方便日常买卖往来。北侧墙体开有门洞与庭院相通，中段阁楼屋脊略高于两侧，对位开门位置，两侧墀头做法简约，仅在上身与盘口连接处及檐口下方做简单装饰。

图3-105 商号院院落空间面貌

(3) 家丁院及花园

家丁院夹于商号院与主人院中间，为附属地位，与东西两侧院落相互连通，服务两侧院落，将院落横向并联，组成完整交通流线。家丁院院门低矮，位于东南。院落空间尺度较小（图3-106），四周围合建筑体量较小，朴素大方。院落围合性不强，东西两侧皆有开口，分别通向主人院、商号院。家丁院北侧为君泰号后花园，花园嵌入家丁院、商号院、主人院之间。据主人院内住户叙述，后花园原多盆景、花木，每至春夏，红绿夹杂，好不热闹。后因年久失修，花园原貌已不复存在，盛夏时节，园子内杂草丛生，时至冬日，枯草干枝遍地，留下的只有岁月更迭的沧桑（图3-107）。

图3-106 仆人院空间面貌

图3-107 花园幽静的小径

七、段长官院

1. 院落背景

段长官院位于西大阳老街西段北侧吴台阁外，南邻西大阳老街，东临祖师庙，西临书房院（图3-108、图3-109）。于元代由段直主持建造，具体年份已不可考。段氏家族自古久居大阳古镇，属名门望族，由唐至元，段氏家族八世为官。祖上段约，唐朝曾任定州司户参军；段昶，唐朝末年任神山令；段希尧，五代十国时期后晋天福年进士，官棣州刺史兼盐矾制置使，后又于后晋高祖时期石敬瑭镇守太原时为从事，与桑维翰同幕府；段思恭，任给事中，先后知眉州、泗州、灵州、寿州、陕州。

院落虽经明清时期又经多次修缮，基本格局并无变动。新中国成立之后，因"土改"将其分于数户，院落格局因实际居住要求有较大整改，原北侧后花园已无保留。文革时期，镇内历史建筑普遍遭受冲击，段长官院亦未能幸免于难，后因年久失修，部分建筑构件出现塌落现象，面貌堪忧。段长官院见证了一个家族的兴衰，散落在杂草间的一砖一木都是一种无声的叹息（图3-110）。

图3-108 段长官院区位图

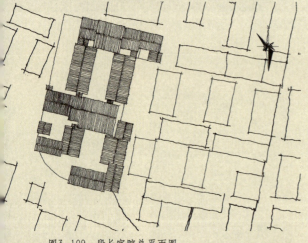

图3-109 段长官院总平面图

图3-110 破败的山门

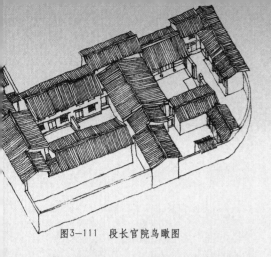

图3-111 段长官院鸟瞰图

2.空间格局

段长官院占地约6000平方米,院落布置依照地势由南向北逐级升高(图3-111、图3-112)。院落西南为顺应道路,院墙转为弧线(图3-113)。院门沿街位处东南,由大门进入正对照壁,东侧为门楼。入口东侧为二层门楼,备有马房。院落形式为常见的组合式,二进院依"四大八小"而建,三进院为"八卦院",西侧闺房院为"簸箕院",南北共为三进,东西成两进。

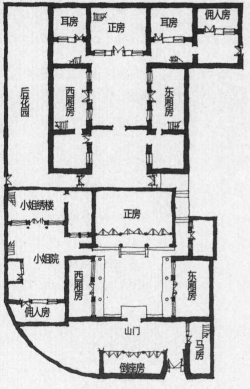

图3-112 段长官院首层平面图

图3-113 弧形院墙

闺房院入口位于一进院正房西侧,与西厢房尾端相接。正房东侧为连接前后的通道(图3-114)。因用地受限,三进院院轴线较之二进院院向西偏离约4米(图3-115),东侧耳房以东为家丁院,原为家丁住所,设有后门供人出入(图3-116)。三进院院西侧为后花园,西南角由石质偏门相互连通,花园后门与偏门正对,连通院落内外,园内现因私自搭建面貌无存。

山 | 西 | 古 | 村 | 镇 | 系 | 列 | 丛 | 书

图3-114 连通前后院的通道

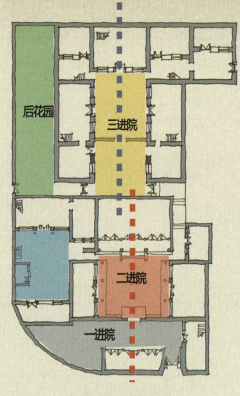

图3-115 院落交通轴线分析图

图3-116 连通后院与花园的石门

3. 主要院落

(1) 入口空间

段长官院门高约5米，门楣高大绮丽，装饰雕工精良考究。虽然经过岁月洗练，依然可见其栩栩如生，创作之初匠人之独特用心。繁复的木雕装饰对于宅院主人的身份地位起到了一定的渲染作用，根据装饰雕工的精良与否以及选材的考究与否，访客便大致可以判断出府上主人实力。院门正对照壁由砖雕拼接而成，砖砌须弥座，位置正对视高，所雕纹样已于文革时期被毁，具体样式不可考。一进院倒座房开间8米，高约6米，檐口处装饰有牡丹纹样木雕，做工精细，立面明快朴实。

鼓乐阁为两层，高约8米，造型精致，鼓乐阁与院门位于同一轴线，阁楼之上窗棂样式繁复，墙壁辅以砖雕，正对院内照壁，在视线上起到了对景的作用（图3-117）。装饰图案取自古代吉瑞祥和之物，如"蝠纹"同"福"谐音，有出门遇福的寓意（图3-118）。每逢段氏长官出行，随从众人侯于鼓乐阁中，吹打鸣唱，锣鼓喧天。轿夫则在轿房中备好八抬大轿，段长官上轿之后，鼓乐队行于轿前，鸣锣示众。

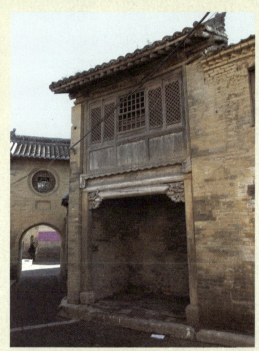

图3-117 门前的鼓乐阁

图3-118 入口空间

院墙高大，与周围建筑体量形成了鲜明的对比，在体量上表明了府邸地位（图3-118）。入口处墙壁内折，预留出入口空间，平面呈现"八"字形。门前形成较为开阔的入口空间，门前立有上马石、拴马桩在功能上对应了官居中主人上马下轿的需求。在视觉感受上形成了一种外向型空间体验，起到了一定的导向作用。这种独特的入口处理在彰显宅院气势的同时还显现出宅内主人的好客大度，有"笑迎八方客"的寓意。门前的开阔场地与鼓乐阁相互呼应，在空间上共同限定出院落入口位置，并且使得入口空间得以延伸至街巷的另一侧，扩大了其空间的影响范围。

(2) 第一进院

倒座房与山门所夹空间南北约4米，由于倒座房体量高大，加之山门颇有气势，因此院落显得相对局促。然而，作为由入口到前院的过渡空间，它起到了极好的欲扬先抑的作用。院落面积逐渐放大，具有很强的建筑韵律。倒座房开间约8米，高约6米。由于朝向原因，倒座房内住户最早搬离，房屋长期无人照看，部分屋顶结构已经坍塌，梁柱体系受损严重。围合墙体依旧保持完好，并且窗棂样式较为完整。

(3) 第二进院

山门正对第二进院正房，左右设有圆窗取景，并且有效遮挡第二进院东西厢房从而烘托出正堂位置（图3-119）。此外，正房门外台基高出院内地坪，边缘同屋檐等齐，共同限定出的灰空间颇具仪式性，烘托出建筑体量。院落格局方正，东西厢房檐下空间作为室内空间向室外空间的延伸，形成了积极的过渡作用，所围合成庭院空间高宽比接近比例尺度宜人。正房底部台基抬高约半米，两侧厢房屋脊高度均为6.4米，且立面处理朴实简洁，凸显出正房所在位置。人立于院内，视线多呈现仰角，在视觉效果上体现出正房最为重要的建筑地位。平面上正房中心轴线贯穿山门、倒座，院落呈对称布置，在平面构图上也反映出正房的特殊地位（图3-120、图3-121）。

正房高约8米，开间宽敞，约12米，四梁八柱，梁架做工考究，花梁画式依稀可见。门前台基深约2米，左右山墙内侧有"金钱纹墙壁"，外柱采用覆盆式柱础，此二处均为元代所作。格扇庄重质朴，又不失华贵，然东西两侧格扇因后期居住需要遭到替换。正房内部辅精美雕刻，刻有仙鹤、灵芝纹样。

西厢房与小姐院相邻，向东避让约1米，进深小于东侧厢房，打破了传统建筑中轴线对称的特征，具有民居中典型的灵活性。东西厢房面宽三间，深一间，由木质梁柱体系支撑。两侧开窗均有压窗石，上书宅院主人所提诗词，两侧配有梅竹雕花，优雅别致。

图3-119 透过山门仰视正房

图3-120 二进院正房立面

图3-121 二进院厢房立面

(4) 第三进院

第三进院南北约为15.8米，东西约为6.8米，中间由高约1.5米矮墙隔断，两侧隔墙相距1.5米，留有空间，供连通彼此。三进院南北方向过长，加以矮墙隔断，区分出院落层次的同时，又增加了空间的实用性。三进院正房以及东西厢房均为二层建筑，其中厢房屋脊高约7.8米，正房高约9.8米，南北方向的大进深在视觉感官上削弱了三进院正房对于人们的视觉冲击，避免了因为高度关系而喧宾夺主。三进院与二进院之间高差约为1.1米，高出二进院正房约3.2米，由于后院正房相对于前院正房后退15.8米，透过院视线并不能企及后院正房屋脊，使得正房对后院起到了很好的遮掩作用（图3-122）。

正房中心轴线与前院正房相错，属两层木构建筑，面阔三间，采光较之正房明亮，内部楼梯与二层相连，左右两侧耳房二层均可与正房相通，由此三进院二层平面可形成环形

图3-122　段长官三进院面貌

的交通流线。东、西厢房呈轴线对称,进深开间均相同,为两层木构建筑,墙体厚实,结构坚固。厢房内部有与各自二层相互联通的楼梯,供人上下使用。厢房二层与正房二层北侧相连接。

(5) 闺房院

闺房院南北约9.2米,东西约7米,由院墙、小姐绣楼、附属阁楼、二进院西厢房围合而成,闺房院属于段家老宅附属院落,尺度相对于主要院落较小。这种尺度对应了闺房院与主要院落之间的从属关系,而且就居住者本身而言,小尺度但精致的院落也会更加符合其特质。入口位于东北角,二进院正房西侧。由正门进入大院,行至正房处,闺房院入口被侧墙遮掩,相对私密。西侧院墙之下设有花畦,东南角存有古井一口,水质清澈。闺房院绣楼紧邻正房西侧,二层高与正房相齐,露台出挑,栏杆做工精致,雕刻细腻,西侧原有木质楼梯连接二层。南侧阁楼顺应外部环境西南角做弧线处理,体现出民居中灵活多变的特点。

八、王家大院

1. 院落背景

王家院落群位于西大阳汤帝庙西南方,西北端至西宫阁,东抵迎恩阁,向南延伸至大阳新街(图3-123~图3-126),是明万历乙酉(公元1585年)进士,霸州(今河北省冀中东部霸州)知州王国士及其后人的住宅。院落群旧有40余个宅院,1000余间房屋,现仅存300余间房屋。王氏主宅作为院落群的核心,形制规整,规模最大。

图3-123 王家院落群区位图

图3-124 王家院落群总平面

| 山 | 西 | 古 | 村 | 镇 | 系 | 列 | 丛 | 书 |

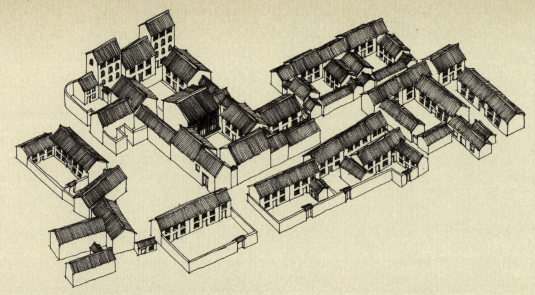

图3-125 王家院落群轴测图

图3-126 王家院落群垂花门

王家大院院落群依南低北高地势而建，沿着前河分布在汤帝庙西南边。新中国成立后，镇上交通运输需求量剧增，因此，1985年填埋前河，在其上修新街，故原前河南侧的花园已全部翻新，北侧除望河楼仅余残壁外，其余院落大多风貌良好。

2.院落格局

王家大院院落群位于无神巷南端的西宫阁以南，围绕王氏主宅西侧的空地广场，随着地势的变化，流线自然分为两支（图3-127、图3-128），其中，向东的一支较长，沿着主宅南侧的小路向东，地势平坦，沿途的院落均匀排布在道路两侧，到达主宅东侧小空地后，与南北两个方向的流线汇合，向东延伸，最后经过宅门，到达迎恩阁前的小巷。由于空地广场西侧地势起伏不平，分布的房屋数量较少且等级较低，主要是仆人院，因此向西的一支流线较短。

王家大院院落群较分散，以"一点一边"为框架，呈三角形分布（图3-129）。"一点"是指位于顶点处的王氏主宅，"一边"则是指沿新街由西向东排列的花园（现已毁）。新街北侧原先为蜿蜒曲折的前河，因此，院落群利用紧邻河岸的地理优势，在河的北岸修建了一排"望河亭"，南侧则是供主人休息、娱乐的花园。河岸北侧地势由南往北逐渐升高，因此望河亭的存在并不会遮挡后面宅院的观景视线，反而形成了错落的空间层次。南侧一排的望河亭从迎恩巷延续到西宫巷，河的北岸是一排后花园，与一些小院相连。王氏主宅位于花园北侧，中间有一小路相隔，西侧紧邻西宫巷。西宫巷两侧地势西低东高，主宅所在地是王家院落群中最高的地方。主宅东边零星散落的院落紧邻迎恩巷，多为一进四合院。西宫巷西侧的院落等级较低，中间地势较低的部分为菜地，院落均围绕洼地排布。这些院落分布较散，大多仅一座房屋。

3. 王氏主宅

王氏主宅位于西宫阁南端的前河北岸，南岸为王家花园，通过花园中的地道，可

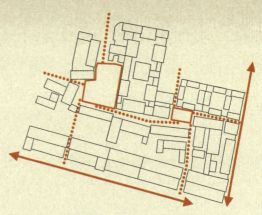

图3-127 王家广场关系分析图

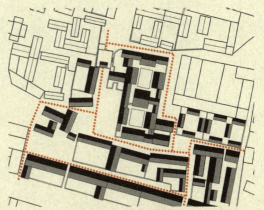

图3-128 王家院落群交通流线分析图

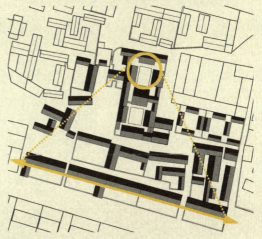

图3-129 王家院落群结构分析图

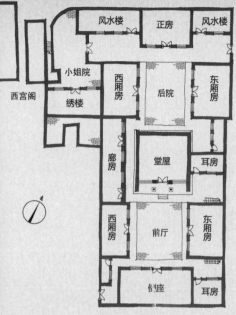

图3-130 王氏主宅首层平面图

图3-131 王氏主宅入口前广场速写

直接通到正房的地下室。王氏主宅由一个两进的"四大八小"式院落与西侧的小姐院共同组成（图3-130）。宅门位于西南角，垂花门门楣由龙、凤、牡丹玉麒麟雕刻而成（图3-131）。门外一对石狮，形态活泼。门内正对照壁，壁心雕有麒麟。院内由前厅院、后院、小姐院三部分组成。

第一进院规模较小（图3-132），院子长宽比约1:1。正房屋顶塌陷严重，墙面破损。前厅地势略低，正房台基高出地面0.5米左右，再加上正房本身两层通高，南立面的四根柱子拉长了视觉比例，整个正房高大粗犷，成为了前院的视觉中心；站在前厅往北可以看到后院中轴线两侧的风水楼。正房南墙隔扇（图3-133）纹样与段长官院相似，均以雷电纹为主，推测修建时期应接近。两侧厢房保存完好，装饰精美。正房西侧的巷道（图3-134）连接了前后院。正房进深7米左右，巷道一侧宽约1.2米。西侧的廊房原先为下人住所，现已改成厨房及储藏室。

第二进院由东西厢房（图3-135）、正房及正房两侧的耳房组成。正房两侧的耳房五层高，叫做"风水楼"（图3-136），古时为瞭望用。东北角风水楼前有一小院，出院门可直接通向汤帝庙。东西两侧的风水楼与正房合称"双插花"楼。一二进院所有窗台均有青石压窗，石上雕有鸟、虫、花卉等图案，并题有诗词。二进院西厢房压窗石上题字："银子舒掌结，彩枝青萼愁。春风吹不胜，鸣鸟喜相逢。"一进院西厢房压窗石刻有："小院春风满，奇葩点绿苔"。

二进院西北厅额书"南讹"，西北角的院落为小姐院，内有绣楼，因内壁砌有梅花墙，因此也叫做"梅园"。主宅北侧的弧形墙壁引导人们爬上楼梯，

图3-132 王氏主宅一进院厢房

登上瞭望台,整个王家院落群尽在视野中。

　　整个院落主次关系清晰,入口处的狭窄空间作为空间序列的起点,一进院、正房、二进院、风水楼,序列逐渐达到最高潮。王家大院虽不及张家院落群的规模宏大,棋盘院的

图3-133 王氏主宅前院正房

图3-134 王氏主宅连廊

图3-135　王氏主宅后院厢房　　　　　图3-136　王氏主宅风水楼速写

布局规整、但顺应地势，结合自然的巧妙构思与当今建筑学 "场所精神"不谋而合。

九、赵知府院

赵知府院位于西大阳老街以南，西侧紧邻段召巷南段（具体名称未知）（图3-137～图3-139），曾为明代嘉靖乙未（公元1535年）进士、夔州知府赵继孟的宅邸。赵知府院坐北朝南，由西侧的主院和东侧附属院落组成。主院又分外院与内院，入口位于外院东南角。整个院落门扇窗牖典雅，雕刻装饰精美。

外院东、西、南三侧的房屋均为一层，古时为佣人房，平常佣人们在外院种地、做农活。每逢重大节日，村民们都会聚集过来，外院也就成了小广场。外院东北角的宅门（图

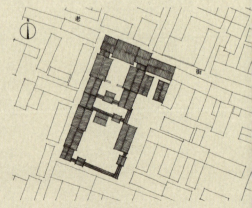

图3-137　赵知府院区位图　　　　　图3-138　赵知府院总平面

图3-139 赵知府院轴测图

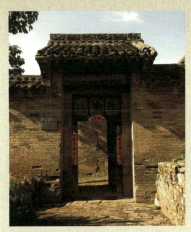

图3-140 赵知府院宅门

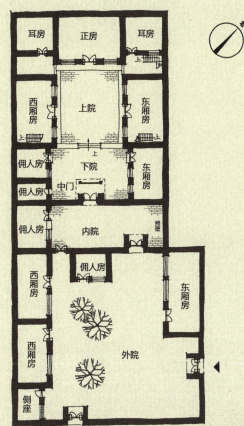

图3-141 赵知府院首层平面图

3-140)才是赵知府院内院的入口。

内院(图3-141)为两进四合院(图3-142),一进院落为过院,仅在西侧有一层矮房。一二进院落之间通过屏门相隔。由于地势南低北高,内院又分为上、下两院。下院由南侧的院墙,北侧的矮墙与东西两侧一层高的厢房围合而成,古时会将不用的杂物堆积在这里,因此,厢房较简陋。上下院之间的高差通过三级踏步来解决。

上院由北侧的正房(图3-144)、东西两侧的厢房和耳房组成。厢房及正房两层高,正房略高于厢房。正房一层门窗上的过梁拼成一体,雕有缠枝莲纹样的砖雕十分精美。正脊的螭吻尾部卷起,仰头望天;檐口部分的挑尖梁、斗栱简朴大方,枋上的灵芝形雕花工艺娴熟,过梁上的缠枝莲纹样精美。正房的台基略高于两侧的厢房,突显其中心地位。东西两侧的厢房虽略逊于正房,但压

第三章 居住建筑

115

图3-142 赵知府院内院

窗石与过梁的装饰同样精美。上院一层的交通是通过院落组织在一起的,二层各个房间则是通过倒座两端耳房二层的连廊相互连接。单从建筑内的流线来看,是封闭而围合的。我国古代建筑讲究空间的封闭性和围合性。内院里这种独立封闭的流线不仅与建筑形式相契合,同时山西冬季多风,气候寒冷,住户仅通过屋子内部的水平联系和垂直交通即可在从外观上看相对独立的倒座及厢房内往来自如。

图3-143 赵知府内院屏门

图3-144 赵知府内院堂屋

公共建筑
GONGGONG JIANZHU

山|西|古|村|镇|系|列|丛|书

一、概述

  公共建筑是体察地方传统文化和习俗最直接的地方，是当时、当地建筑艺术和技术的浓缩与精华（图4-1）。大阳镇自古以来便是官宦商贾云集之地，人们对精神生活的追求以及社会财富的积累使得公共建筑的建设有了切实的需求和坚实的经济保障。

  大阳镇的公共建筑虽类型众多，但形制相似，大多以居住建筑的模式发展而来。公共建筑功能较为单一，主要满足日常的祭祀和请愿之需。严格来说，这种活动不能算做宗教活动，只是原始的祖先崇拜或神鬼崇拜，因此并不像大多数宗教建筑一样肃穆阴幽，而是以朴素、世俗的风貌存在着，同时兼顾其他多种非宗教活动，如戏曲表演[1]。一座座庙宇、寺院、阁、塔镶嵌在鳞次栉比的居住建筑间，成为村镇肌理上的一个个变异。这些变异作为空间和功能上的重要节点，把古镇的空间艺术和精神体验推向高潮。民谚："北有凤凰巢窝，南有无梁大殿，东有天柱一院，西有孤松一棵"[2]，说的就是大阳镇历史上的四个最具代表性的公共建筑。

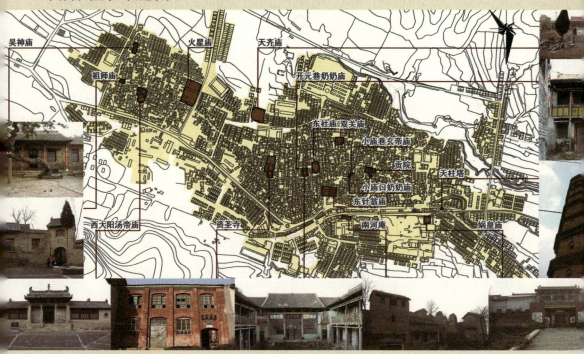

图4-1 公共建筑分布图

---

1 旧时多为打神戏。
2 "北有凤凰巢窝"尚有待考证。

据不完全统计，大阳镇原有寺庙25处、阁93座、塔1座、贡院1所，除了塔和贡院还在外，现存16处寺庙和21座阁（表4-1）。现存最早的公共建筑——资圣寺可以追溯到南北朝时期。经过1500多年不同时代的筛选、建设和修缮，今天大阳镇公共建筑的格局便逐渐形成了。东大阳形成时期较早，故其公共建筑也相对久远，保存较差；西大阳形成较晚，公共建筑的建设也较晚，因而保存较好。

现存绝大多数公共建筑都经明清时期修缮过。当时大阳镇经济繁荣，大户人家竞相慷慨解囊，新建和修缮公共建筑，如明朝时期的名仕张养蒙，经他出资修缮过的公共建筑就有汤帝庙、资圣寺、南河庵等。

大阳镇公共建筑一览表[1]　　　　　　表4-1

名称	别名	坐落地点	始建年代	院落规模	礼教类型	备注
资圣寺	后大寺	东大阳老街西段	南北朝	三进	佛教	现存两进
南河庵	南河书院	东大阳铁路线南	南北朝	两进	佛教	残存
西大阳汤帝庙	西社庙	西大阳老街西段	元	两进	混合	现存
东文庙	——	东大阳资圣寺东	元	一进三院	佛教	不存
关帝庙	——	东大阳老街南讹巷对面	——	一进	人物崇拜	现存
吴神庙	——	西大阳三盛胡同北段	明	三进	佛教	现存两进
南禅院	南大寺/前大寺	东大阳东南	明	园林式	佛教	不存
天柱塔	——	东大阳东南	明	——	风水	现存
娲皇庙	——	东大阳铁路线南	明	一进	神鬼崇拜	重修
天齐庙	东岳庙	东大阳状元巷北端	明	一进两院	道教	重修
西文庙	——	西大阳中部	明	一进两院	佛教	不存
金龙四大王院	大王庙	东大阳	明	一进两院	神鬼崇拜	不存
祖师庙	——	西大阳老街西端	——	一进	人物崇拜	现存
开元奶奶庙	——	东大阳开元巷	——	无院落	神鬼崇拜	现存
小庙巷玄帝庙	小庙	东大阳小庙巷丁字街北	——	一进三院	人物崇拜	现存
小庙口奶奶庙	——	东大阳小庙巷丁字街西	——	一进	人物崇拜	现存
贡院	——	东大阳小庙巷	——	四院	儒教	现存
双关庙	——	东大阳后岭	——	一进	人物崇拜	现存
火星庙	——	西大阳老街东段	——	一进十八院	神鬼崇拜	不存
东针翁庙	——	东大阳中部偏南	——	——	人物崇拜	不存
西针翁庙	——	西大阳北部	——	——	人物崇拜	不存

---

1 这里仅列举部分。

大阳镇的公共建筑大多沿着老街均匀分布,东大阳多,西大阳少。大型公共建筑服务半径大,位于整个大阳镇的中心,便于整个镇上的人前来参加活动,而小型的更具区域性,是较小范围内的核心。一些街巷还有属于本巷居民的供神堂。总的来说,公共建筑的分布呈现大型靠中部,小型均匀散布的特点。

大阳镇公共建筑主要采用合院式,沿袭并发展了居住建筑的格局。通过尺度、材质、立面、装饰等处的特别处理让公共建筑从满目的居住建筑群中突显出来。

公共建筑区别于居住建筑的几个特点:

(1)建筑体量和院落尺度往往比较大,以适应人数众多的集体活动;通过轴线把各个院落整理成序列,用院落空间的收放和建筑体量、高度的差异来达到公共建筑震撼人心的目的。

(2)绝大多数坐北朝南,入口位置在南侧正中,也有例外,如南河庵,坐南朝北,向西开门。

(3)所有公共建筑均采用抬梁式梁柱体系,用料较普通民居大,以营造出更大的空间。部分公共建筑的正立面开始隔墙化,舍弃窗间墙,改用整面的隔扇,变得轻盈、通透起来,满足了更大进深的采光和通风需求,有的还在多个开间同时开门。当门都打开时,室内外的空间成为一体,适应于开敞的、规模更大的活动,比如资圣寺大雄宝殿。

(4)公共建筑均修筑较高的台基,加强了其体量感,同时从入口的台阶数量上也能区别出等级,比如公共建筑会做七级台阶甚至九级台阶,在中国的传统文化中九代表了最高的等级。

(5)石制方柱被广泛地运用到公共建筑中,而普通民居一般用木质柱子,只有柱础的部分为石材。

(6)绝大多数公共建筑采用悬山式屋顶,少数采用歇山、硬山,多有垂脊,屋面屋脊装饰等级较高。比如,在施大吻的同时,在正脊中央加中墩,而一般的居住建筑不会这样做,如西大阳汤帝庙;有些公共建筑的脊饰、屋面筒瓦、瓦当、滴水都采用琉璃制作,颜色鲜艳醒目,如祖师庙;屋脊浮雕多以动物纹样为素材,祖师庙屋脊纹样甚至采用了龙纹。

二、庙宇建筑

1.西大阳汤帝庙

(1) 概述

汤帝庙，又称西社庙，位于西大阳老街西端，是整个大阳镇现存最重要的公共建筑，于2006年被国务院批准为全国重点文物保护单位。汤帝庙始建于元代，2009年翻修时发现的秘密木板，揭示了其建造年代。汤帝庙建筑群在各朝均进行过不同程度的修缮，最近的一次修缮是在2009年。

(2) 总体布局

汤帝庙布局严谨，坐北朝南，沿一条南北向纵轴线展开，两进院落，东西对称（图4-2）。中轴线上从南到北依次分布着戏楼、广场、山门、中门和成汤殿。

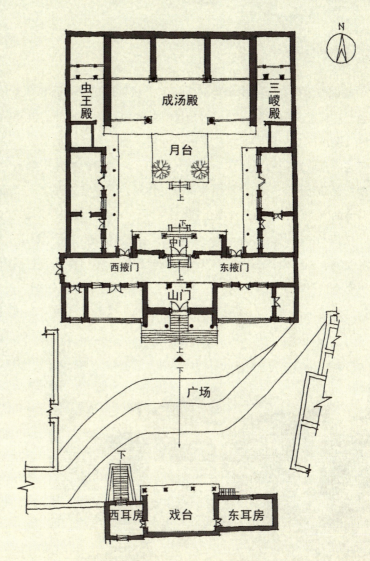

图4-2 汤帝庙平面图

山 | 西 | 古 | 村 | 镇 | 系 | 列 | 丛 | 书

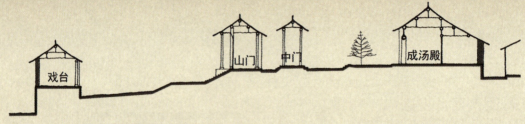

图4-3 汤帝庙建筑群剖面示意图

戏楼与山门之间的广场空间，平面形状接近矩形，西北高，东南低（图4-3）。由于高差，广场被斜向分割，自然分出了高处的停留区和低处的流动区，两种流线互不干扰，同时，高度的变化还丰富了广场的空间层次感。另外，从新街到广场的空间序列整理得也很有趣味，收放间衬托出广场的宽大和汤帝庙山门的雄伟，增强了公共建筑的震撼感。广场就好像汤帝庙的外院，承担着集散的作用，呼应着内院。汤帝庙前广场给村民提供了一个交流的场所。当戏楼有戏曲上演时，带高差的广场便是临时的观众席。

山门和中门距离很近，第一进院落东西长约20米，南北宽则不到3米，形成一条狭长的前院空间。由于山门高大，该院落空间较阴暗。中门两侧有东西掖门各一，在古代，中门只供有身份有地位的人穿行，普通老百姓走两侧掖门（图4-4）。

第二进院落较大，平面呈正方形。正北坐落着成汤殿，压得很低的巨大屋檐削弱了其高度感，使得院落空间宽敞，尺度宜人。院落中心有月台，其上放有香炉，东西各植柏树一株。成汤殿两侧有配殿各一，东为三峻殿，西为虫王殿。配殿分别向后退5米有余，在其南边分别形成两个更小的庭院空间，只有20平方米左右，通过砖拱门洞与主院相连。在虫王殿前的小院里保存着两只古代炼铁的锅，是大阳镇制铁

图4-4 汤帝庙中门北面

业曾繁荣一时的见证。当有祭祀活动时，第二进院落就是主要的活动场所，香火旺盛，热闹非凡；而没有活动时，这里又是格外的静谧，几缕青烟伴着声声蝉鸣，无限敬畏之情油然而生。

（3）建筑分析

1）戏楼

戏楼坐南朝北，面宽三间，约10米，进深六椽，约5.6米，台基高1.41米（图4-5）。悬山屋顶，有博风板，饰垂鱼，抬梁式屋架。四根红色的木柱支撑着巨大的屋顶，柱头斗栱四朵，单抄四铺作，饰蚂蚱形耍头。额枋下的雀替雕花细致精美。

图4-5 汤帝庙前戏台

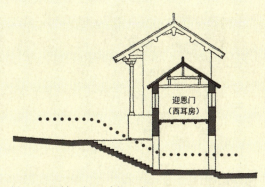

图4-6 迎恩门（西耳房）示意图

戏楼两侧均有耳楼各一。东耳楼一层；西耳楼横跨在从南侧前往广场的道路上，由于南低北高，所以从南边看西耳楼为两层，从北侧看西耳楼只有一层，顶部与东耳楼同高。西耳楼下层有门洞供行人穿过，故其兼有路口阁楼的作用（图4-6）。两个耳楼均有侧门直接与舞台相连。

2）山门

山门面宽三间，进深六椽（图4-7）。前施四根小八角石柱，柱头斗栱四朵，柱间斗栱三朵，双抄五铺作，明间的柱间斗栱最大，出斜昂。

山门前有九级台阶。在中国传统文化中，九代表着最高的身份与地位，如九五之尊、一言九鼎。可见，汤帝庙入口处的九级台阶是为了体现地位而精心设计的结果。低处的三级台阶与山门面宽相等，超宽的台阶让山门看起来更高大，剩下六级台阶直通门口，将前廊分成东西两个独立的部分（图4-8）。山门开门的位置不在正中脊檩处，而是在金檩

图4-7 汤帝庙山门

图4-8 汤帝庙山门台阶

下，明间开门，梢间各做一块大影壁，表面用正方形砖块斜砌而成。同时，给山门内侧留出了一个较大的灰空间，作为第一进院落的缓冲。

3）成汤殿

成汤殿是汤帝庙建筑群的核心建筑（图4-9）。面阔明三间暗七间，进深八椽，抬梁式砖木结构，悬山屋顶。

现存建筑整体为元代建筑风格。最明显的证据是成汤殿运用了元代兴盛的减柱法的构

图4-9 汤帝庙成汤殿

造措施。从立面看只有两根檐柱，金柱的数量也减至两根，但从内部来看则有六榀屋架承托着屋顶（图4-10）。减柱法的运用让成汤殿内部空间更为整合大气，省去了冗余繁杂的小构件，使空间感受得到了升华。其次，梁檩用料粗大，形态随意，可以推测当时、当地粗壮且直而适宜于做建筑材料的木料比较缺乏；也或许与元代的大背景不无关系，元代不拘一格的建筑风格和粗犷的品性也可能影响了深居中原的大阳镇的建筑形态。同时，该建筑还留有清代以后修缮的痕迹，如木柱底端和顶端均箍有铁箍。

图4-10 汤帝庙成汤殿前厅屋架

石制柱础隐藏在台明之下，两根粗壮的檐柱上施有三根原木柱额，其上承斗栱十五朵，双下昂五铺作，斗栱脱离柱头（图4-11）。密布而硕大的斗栱不但起着支撑挑檐的作用，还有很强的装饰性。

图4-11 汤帝庙成汤殿斗栱

屋面前后坡不等长，前坡三椽，后坡五椽。这种形制并不多见，多数古建筑都是前坡长于后坡的。成汤殿前廊和后室的分界线在整个建筑的纵轴线上，也就是脊檩北侧第一根金檩处。其下对应檐柱的位置有两根金柱，柱额下开有门，柱额上至金檩有木格扇。前廊面积占到总面积的一半，狭小的前廊被扩大成前厅。由于坡屋面前短后长，所以前厅内部的净空高，采光效果较好。同时，减柱法的运用让前厅没有过多的立柱，空间整体性更强，适宜进行较大规模的集体活动，成为一处积极的空间。

后室按照明三间分为三个殿，正中供奉着仁德广武成汤圣帝，左边供奉着南无本师释迦牟尼佛，右边供奉着太清道祖太上老君。由此可见，汤帝庙并非单一宗教的建筑，而是像很多中国传统的宗教建筑一样，同时供奉着不同宗教的神，体现了一定的原始性。后室处在屋面后坡的后段，整体空间高度较前厅低，且越往深处越低、越昏暗，正好营造出宗教的幽深感，震慑前来祭拜的信徒。

图4-12 汤帝庙成汤殿前厅隔扇上图案

成汤殿装饰非常讲究,不但是等级的象征,也是古代能工巧匠们对美的诠释。屋面上绿色、黄色、蓝色的琉璃与蓝天交相辉映。处在至高点的正脊是修饰最到位的地方。一块块砖上的浮雕表现着不同的主题,并能连成一幅完整的长卷,其中以花卉为素材的最多。遗憾的是有些浮雕上的颜色脱落严重,图案也不甚清晰了。在正脊的两端分别施有鸱吻,从现存的鸱尾的形状[1]来看,应该是明清时期的风格。正脊的中央还有三层楼形中墩做装饰。另外,在正脊的两个四分点上还有两只狮子。这些都体现了汤帝庙的等级之高。前厅里,裸露屋架粗壮梁栿上的彩绘依稀可见,隔扇上的图案也非常独特(图4-12)。

2. 资圣寺

(1) 概述

资圣寺位于东大阳老街与菜市巷交叉口东北角,又名后大寺,始建于北齐文宣天保四年(553年),名为永建寺,后在宋真宗天禧四年(1020年)改为资圣寺,沿用至今。元大德七年(1303年)《大阳资圣寺记》记载:"北齐文宣天保四年癸酉,梁元帝承圣二年也,号永建寺……宋真宗天禧四年庚申,改赐资圣寺",后经多次修缮。明万历十七年(1589年)《重修资圣寺记》记载:"吾镇旧有寺……历胜国昭代,因之岁久侵蚀。镇人守备裴本立,寿官李时中等捐赀募缘,大加新饰……修起于万历六年,迄十七年工完。"清乾隆四十四年(1779年)《重修资圣寺并增建东西耳房厨室记》记载:"人长者青蚨□锱铢弗解□□□输,积少成多,鸠庀角□,经营周□,次第□修东西两角耳房。未有者增

---

[1] 张驭寰著,古建筑的符号,华中科技大学出版社,2011年。

图4-14 资圣寺入口南立面

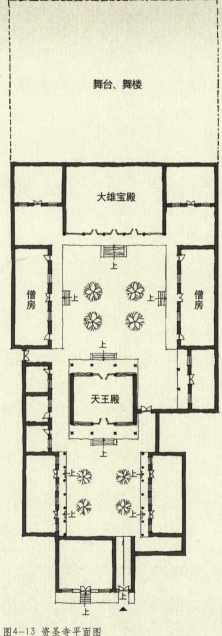

图4-13 资圣寺平面图

而建之,俾令□飞而鸟革大□。钟鼓客舍,已坍者茸以补焉。务使□固而完全……工始于乾隆四十一年冬初暮,告竣于乾隆四十一年冬初。"最近一次整体修缮是在2005年。

资圣寺为佛教寺院,每月农历初一和十五对外开放。曾有很多僧人在这里修行,而今,第二进院落东西两侧的僧房已闲置多年。僧人只有在寺里有活动的时候才来到这里主持祭拜活动。[1]

(2) 总体布局

资圣寺坐北朝南,现存两进院落(图4-13)。由于大小不同,第一进院落纵轴线与第二进院落纵轴线稍有错位。原来入口在南侧正中,符合一般寺庙建筑的形制,现存入口系重修的结果,较狭,偏于一隅(图4-14)。原资圣寺的纵轴线还向后延伸了一进院落,为舞台、舞楼,作为高潮的延续,现已不存。

第一进院落平面呈矩形,是资圣寺空间序列的开始。北向坐落天王殿,东西有配殿各一,现已不存。院内植柏树四株,建筑与院落的高宽

---

[1] 现只有一位老人长期住在这里,守着整个寺院。该老人便是赫赫有名的大阳制针业传人。现虽已不从事制针的本行,但还记得传统的卖针歌。笔者此行有幸听到了卖针歌,仿佛回到了那个制针鼎盛的时代。

比在1∶1～1∶1.5之间，围合这个院落的北、东、西三面均有柱廊，减弱了院落尺度较小的局促感，丰富了该院落的空间层次。

第二进院落尺度较大些，北向坐落着资圣寺的核心建筑大雄宝殿，东西有僧房。建筑与院落的高宽比在1∶2～1∶2.5之间，亦植柏树四株，给偌大的院落空间一个限定，调节其尺度，使院落感受宜人。

(3) 建筑分析

1) 天王殿

天王殿，又称转佛殿，面宽三间，进深六椽，通高一层，悬山屋顶，抬梁式屋架结构（图4-15）。有横纵两条轴线，呈中心对称。前后出廊，由16根小八角石柱作为竖向支撑结构。柱头斗栱两朵，转角斗栱两朵，单抄四铺作。与其他公共建筑不同的是，天王殿的墙体均不承重，南北两面均为隔扇，明间开门，梢间开窗。东西两片山墙内各有一榀屋架，推测墙为填充墙。雀替雕饰精美，额枋之上、斗栱之间施有驼墩。南立面正门上方有匾额，题"佛光普照"。梢间外廊有碑四块。

2) 大雄宝殿

大雄宝殿是资圣寺整个纵轴线的高潮，面宽五间，进深八椽，歇山顶，抬梁式屋架结构，规模宏大（图4-16）。柱头斗栱六朵，柱间斗栱五朵，双抄五铺作。所有檐柱均为圆截面，略呈梭形，为梭柱造，这在大阳镇很少见。台基高约0.9米，通过七级台阶联系，垂带式踏跺，等级仅次于汤帝庙山门的九级台阶。中间三开间均开门。额枋、斗栱、梁柱上均有彩绘，经现代修缮。正脊上施浮雕，两端有鸱吻，中央有中墩。垂脊上亦施浮雕，有中墩。殿内空间宽敞，供奉着释迦牟尼佛。

图4-15 资圣寺天王殿

图4-16 资圣寺大雄宝殿

两侧的僧房原为两层建筑，已毁，重修后改为一层。面宽六间，看似与中国传统建筑中面宽间数为单数矛盾，实则可看作两个三开间并在一起。

3. 吴神庙

（1）概述

吴神庙位于西大阳三盛胡同北端，是纪念太伯的庙宇，明万历十年（1582年）《增修吴王庙记》记载："太伯……断发文身，示不可用……后人追慕其风，故立庙。"吴神庙始建于明正德年间（1491—1521年），后经多次增建与修缮。又如《增修吴王庙记》记载："西大阳乾地有吴王庙，援稽所跡，盖□□西□□山而创建者。山在村之西表，昔人奉吴王像于其巅，应感如响，时人赫然敬畏之。后有妖者□□□岁大乡人骇而毁其栋宇，兹地遂因庙之。在正德年间，宁□县令成锡等综理厥事，草创正殿三楹，南殿三楹，底法构而中止，历经凡三修而亦竟未备。岁久垣墉复茸……至嘉靖四十年，成辂。仍旧功而修且增重焉，筑两翼室，东西殿各三楹。其正殿为吴王，其东斜殿为龙王，其西斜殿为香山神，东殿则风伯神，西殿则子孙神，南殿改为大门，出入之所，庙貌巍然焕然。"清康熙乙亥（1695年）《吴王庙绘画佛殿佛龛记》记载："吾乡吴王庙前有隙地一块，僧海顺特建佛殿三楹，祠宇告成而丹。"

据当地老人讲述，吴神庙是整个大阳镇最重要的公共建筑之一，居大阳镇之乾位。乾位为天、为君，是大阳镇的风水重地，是好运的开始；一说是因为大王院内有一株将近千岁的古松，其灵气很大，镇庙并给整个大阳带来福气。

（2）总体布局及外部空间分析

吴神庙坐北朝南，原有三进院落（图4-17）。前院称广佛院，中院称大王院，后院称归西院，统称"法华禅林"。现存前院和中院，后院于新中国成立后拆除。

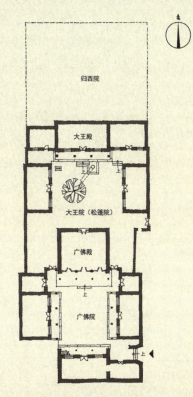

图4-17 吴神庙平面图

图4-18 吴神庙广佛院倒座

庙门原在西南一隅，门额上题字"法福禄林"，现已不存。

广佛院为一个四合院空间，由正北的广佛殿、东西侧殿、倒座围合而成（图4-18）。朝向院落的四个立面均有柱廊，增加前院实际使用面积的同时还丰富了空间层次，提升了院落的等级。

图4-19 吴神庙大王院内古树

大王院较大，围合该院落的建筑整体尺度较小，故院落感受更低矮，更宁静。东西侧殿界面较封闭，将人的视线推向北面主体建筑——大王殿。院子北偏东有一棵树龄超过800岁的油松，见证了吴神庙的兴衰（图4-19）。这棵油松盘旋遒劲，匍匐生长约3米不发一枝一叶，到达院子正中偏西转而向上，树干扭曲盘旋，突然伸出枝杈，竟能遮住整个院落，故大王院亦称"松蓬院"。由于古树的存在，明朗的庭院空间被遮蔽，形成更封闭更内向的氛围。西北角有碑一块，题《增修吴王庙记》。

（3）建筑分析

1）广佛殿

广佛殿为过厅式大殿，连通广佛院和大王院，面宽三间，进深八椽，檐柱为木质，柱头斗栱四朵，单抄四铺作（图4-20）。两侧原有耳房，现已坍塌，只剩下一些残损的构件。内部东墙上镶有碑一块，题《吴王庙绘画佛殿佛龛记》。广佛殿的檐口在2010年重修过。广佛殿原塑有女娲娘娘和送子娘娘的神像，现不存。

图4-20 吴神庙广佛殿南立面

2) 大王殿

大王殿面宽三间，进深约6.5米，硬山顶，规模较小，低调，亲切感强（图4-21）。明台高约0.5米，均为巨大的条石砌成，使该殿整体高于其他周边的建筑。南侧有柱廊，四根木质柱子上承托斗栱四朵，单抄四铺作。

4.祖师庙

祖师庙位于西大阳老街尽头，始建年代已不可考，面朝东南，规模较小（图4-22）。祖师庙一进院落，轴线为西北—东南方向。祖师庙的入口处比较特别，不是垂直于庙门解决高差进入寺庙，而是从东北侧上台阶到一个小平台，转弯通过大门进入祖师庙。这种入口形式倒不是为了含蓄，而是为其前广场空间的完整性所作的调整。当然广场的存在也是为了服务祖师庙，两者相得益彰，前述已备，这里不再赘述（图4-23）。

祖师庙小巧精致，内院大约3.5米见方，几乎是天井式的院落感受（图4-24）。各建筑单体均为一层，其中正殿层高最高，西厢很小，东厢与旁边的潮音阁有楼梯相连，没有倒座，取而代之的是一座山门，有两道门。

图4-21 吴神庙大王殿

| 山 | 西 | 古 | 村 | 镇 | 系 | 列 | 丛 | 书 |

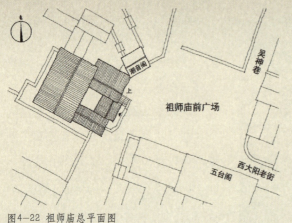

图4-22 祖师庙总平面图

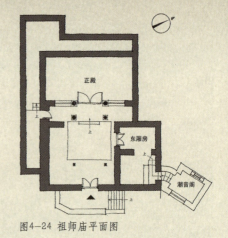

图4-24 祖师庙平面图

图4-23 祖师庙入口

正殿面宽三间，进深五椽，悬山顶，抬梁式屋架结构。有前廊，木质圆柱，柱头斗栱两朵，无补间铺作。在广场上可以隐约看到正殿黄黄绿绿的琉璃瓦屋顶。瓦片全部为筒瓦，以示其等级。屋脊两端有吻兽，"文革"时期毁坏。屋脊的浮雕图案没有用荷花、牡丹一类的花草纹样，而是用了龙纹，等级甚高（图4-25）。山墙屋檐有博风板，上饰悬鱼惹草。

图4-25 祖师庙屋脊浮雕

5.开元奶奶庙

开元奶奶庙位于东大阳开元巷南段,始建年代不可考,没有院落,只有一座两层建筑(图4-26)。面宽三间,约5米,进深也约5米,由木质柱子支撑,柱头斗栱两朵,转角斗栱两朵。南立面两层均有外廊,形成灰空间。二层两端用边长130毫米的木柱替换了520毫米厚的墙体,节省空间,让视野更开阔的同时还使受力更合理。二层木阳台栏板上题"开元巷"三个大字。

图4-26 开元奶奶庙正立面

6.东大阳关帝庙

(1)概述

东大阳关帝庙位于东大阳三分街,南讹巷对面。是大阳商界会馆,之所以供奉关帝庙是想取以义取利的商业理念。关帝庙创建年代不详,根据碑文记载,清乾隆三十年重建[1]。《关帝庙重新彩画碑记》记载:"毓秀钟灵,望之巍巍乎中立而不倚者,关帝庙也……东

---

[1] 国家文物局主编,中国文物地图集·山西分册(中),中国地图出版社,2006年,第473页。

联天柱，西映笔锋，普济南渡，天枢北来……前人之创建，后人之重修，屡屡补葺古碣存焉，自道光庚戌重修彩画……奈风雨漂灭，庙貌残缺，而⿰鼓兴工，捄陕陕渡，薨薨筑登登者又见于光绪年已……然补葺告竣而未经彩画，殊觉有始而鲜终。兹于光绪丁亥粉饰装修于斯。"清同治八年（1869年）《重修关帝庙碑文》记载："同治六年秋八月，寺内古有关帝殿三楹，因年深日久，栋梁摧折，上盖塌陷，神像亦几损坏……七年春……乃修本寺关帝殿三楹，地藏王殿三楹，古佛殿三楹，罗汉殿三楹，厨房一座。后院又补葺西禅室一间。"民国14年（1925年）《补修彩绘大阳东镇关帝庙碑记》记载："惟是代远年湮，丹□既多剥蚀，椽栋又虞崩折，既不足以妥神灵，又曷□以肃祀典也。癸亥夏，会首诸君目触心感，谋所以更新之，询谋佥同。于是估工鸠金，饬化百材，不数日而工遂兴矣，计自工□之始迄今全工落成，越时一年余"。清乾隆六年（1741年）增建戏楼，脊枋题字"大清乾隆六年岁次辛酉四月二十八日吉时创建"。20世纪50年代关帝庙被改造为镇政府驻地，80年代后又被改造成商场，风貌遭到了一定程度的破坏，现已荒废多年。

（2）总体布局及外部空间分析

关帝庙坐北朝南，一进院落，沿纵轴线对称展开，由正殿、东西楼和戏楼组成。正门在南侧正中，开向老街（图4—27）。正殿一层通高，东西两楼及戏楼均两层。建筑高度与院落边长的比例在1∶1～1.5之间，尺度适宜，有利于东西楼二层之间的对话以及各建筑与戏台之间的对话。关帝庙院内外高差约1.2米，高差的存在使得位于戏楼二层的戏台处在一个非常有利的高度，人们可以站在东西楼凭栏看戏，也可以直接站在内院观看，视线高度都正好（图4—28）。院内西南角有碑，碑文磨损已不可考。

（3）建筑分析

正殿面宽三间，进深6.75米，柱头斗

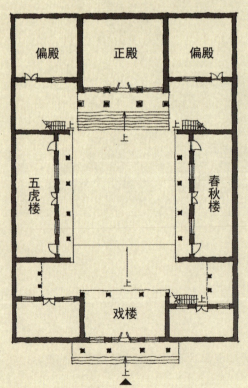

图4—27 关帝庙平面图

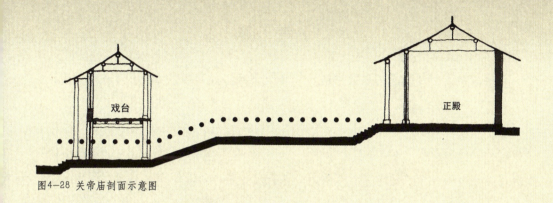

图4-28 关帝庙剖面示意图

栱四朵,柱间斗栱三朵,小八角石制柱子,柱础雕饰精美(图4-29)。南立面原有一层柱廊,空间层次丰富,且与其他建筑的出廊相互呼应,后改造时用玻璃墙封住。

东楼称春秋楼,西楼称五虎楼,两楼对称。面宽五间,进深4米。一层柱子为石质,墙向后退,形成柱廊。二层柱子为木质,也有柱廊。解决竖向交通的楼梯在室内北墙处。

图4-29 关帝庙

7. 南河庵

南河庵位于前河南岸，东针翁庙东南侧[1]，创建年代不详。《重堤南河庵观音阁卧碑记》[2]记载："阳阿之巨观也！明壬申中，于孝廉宋公字木若，讳英者，率众重修，峻峨插天，辉煌灿目，巍巍乎一镇之巨观也……昔之峻峨插天者，今乃渐塌圮；昔之辉煌灿目者，今且日就剥落也……适有登山会会首象轩刘公慨然有重堤志……工始于康熙二十四年八月二十五日，告竣于本年十月十五日，不数月而工成矣。"可见南河庵在明清时期均有修缮。清康熙三十七年（1698年）《观音阁香灯会记》记载："南河庵居一河之名胜，高阁插云，朱栏映水，其上崇奉观音大士"。南河庵为一镇之上观，旧时年节乡绅多会于此，驻有僧尼，香火旺盛。明朝时期一度被用作书院，即"南河书院"。大阳镇读书人甚多，科举高中之人也不在少数，可想当年南河书院书声之朗朗（图4-30）。

图4-30 南河庵

南河庵山门朝西，由东晨钟、西暮鼓，南大雄宝殿组成。建筑层数由一层到三层不等。由于庵内院落地坪标高比前河南岸高3~4米，约一层的高度，故在岸边看南河庵建筑群觉之非常高大雄伟，而进入内院后会觉尺度比较亲切。殿内供奉三元大帝、观音菩萨和山峻爷。南河庵原有千佛碑一块，现除了一小部分存放在西大阳汤帝庙外，其余均遗失。

---

1 东针翁庙现为大阳镇政府驻地。
2 国家文物局主编，中国文物地图集·山西分册（中），中国地图出版社，2006年，第470页。

三、阁楼建筑

所谓阁，就是类似楼的建筑物，供远眺、游憩、藏书和供佛之用（图4-31）。大阳镇众多的阁广泛地分布在东西大阳的各个道路节点上，是每个路口的地标（图4-32），所谓无阁不叫巷，每条街巷均以阁为界。旧时每个阁楼都有大门，在夜间关闭。阁的使用功能几乎涵盖了"阁"定义中的每一项，比如吴神阁作供佛之用；小庙口白衣阁供游憩远眺之用；而万楼阁则为古时打更之用……其中，供奉各种神像的阁占绝大多数。大阳镇的阁无论在数量上还是地位上都是大阳镇公共建筑中不可忽视的一部分。民谚曰："东西两

图4-31 大阳镇阳阿古县阁

图4-32 大阳镇现存阁分布图

图4-33 大阳镇现存阁楼

种类		示意图	实例
在一条道路上			潮音阁 西宫阁 延禄阁
在丁字路口			观音阁
在十字路口	单向门洞		建兴阁 财神阁
	双向门洞		金汤寨 白衣阁

图4-34 阁与道路关系分析图

大阳，上下两书院，沿河十八庄，南北四寨上，九十三个阁，七十二条巷，七市八圪，老街五里长"，其中提到有"九十三阁"（图4-33）。

大阳镇的阁全部依附道路建造（图4-34）：有的横跨在一条道路上，限定出同一条道路的不同两段或是道路的终止；有的位于丁字路口，选择三条路中的一个横跨于其上，限定出阁两侧街巷的等级差异，并将需要突出的街巷空间围合出来；也有的位于十字路口，选择四条路中的一条横跨于其上，单独或与其他阁配合共同起着区分街巷等级和强调重要街巷围合感的作用；此外，还有一种阁比较特殊，跨在十字路口中央，有两个垂直贯穿的门洞，也就是说无论从哪个方向过来的人都需要从阁的下方穿过（图4-35）。每个阁特定的位置及其标示出

图4-35 金汤寨白衣阁　　　　　　　　　图4-36 祖师庙旁潮音阁标示出广场和街巷的转换

来的里外关系，常常限定出不同等级的街巷空间，是空间转换的标志（图4-36）。大阳镇几乎不需要指路牌，散布在每个路口的阁便是最好的指路牌。

　　大阳镇的阁绝大多数为两层，也有个别为三层，砖木结构，一层为门洞，二层为可以进入使用的房间。除了极少数采用木过梁方式抵抗弯矩的阁外，大多数阁的门洞采用丁砖起拱的方式来满足结构的要求。拱呈半圆形，砌筑密实。门洞上方题道路名称或吉祥语。阁的装饰很讲究。很多阁运用各种砖雕，木隔扇等让其立面精致美观，有的阁用红色的涂料处理过，在单调的灰黄色砖墙中非常醒目。

　　整个大阳镇的文化气氛很浓，几乎每个阁上都有题字，而且非常考究（图4-37）。水门阁原题字"映笔峰"，寓意着该阁映照着对面笔山的苍翠群峰；金汤寨白衣阁有四个洞口，东面洞口上题字"毓秀"、南面"钟灵"、西面"道路"、北面"来业"。最有特点的是东门阁、西门阁、南门阁、北门阁上的题字，它们均与人们的生活息息相关。东门阁题"东作"提醒人们春天要适时耕种。《尚书·大传》曰："辩秩东作"，意思是区分节气来安排农业生产。孔安国曰："三春主东，故曰日出，耕作在春，故言东作。"南门阁

题"南讹"提醒村民勤于农耕之事。司马贞索隐:"春言东作,夏言南为,皆是耕作营为劝农之事。"西门阁题"西成",提醒人们秋天庄稼已经成熟了,要及时收获。白居易有诗云:"见此令人饱,何必待西成。"。北门阁题"北钥",意思是一个区域的北面是重要的防守阵地,只有守好北门,才能避免外来入侵。

图4-37 阁门洞上题字

吴神阁是大阳古镇现存最为典型的阁之一,位于三盛胡同的北端,是一座集供佛、远眺多重功能于一体的阁(图4-38)。吴神阁的存在给三盛胡同一个完美的收尾,限定出西大阳古村落的北界。吴神阁高两层,下层是供人穿越的门洞,二层是供奉着关帝和财神的小殿。一层为砖结构,二层为砖木结构,呈现出下部厚重、上部轻盈之态。南面二层的砖墙比一层的向内收0.9米，错出一个外廊，丰富了立面的层次感。四根木柱支撑挑檐，柱头斗拱四朵，额枋上、斗拱之间有坨墩做装饰。吴神阁竖向交通在外部西侧解决，上楼到达外廊后再进入小殿。小殿朝南开门，在立面上二层的门和一层的门洞在同一条轴线上，让整个阁显得紧凑而统一。与此同时，由于三盛胡同自南向北地势由低逐渐升高，吴神阁二层便有了一个观景的至高点，在这里可以俯瞰两边高高的建筑中夹着的窄窄的三盛胡同，直到它消失在转弯处。吴神阁南面题"天珠"，北面题"来龙"（图4-39）。这是"天珠承龙脉"的提炼，取自中国传统的风水学中祈福免灾的寓意。

图4-38 吴神阁南立面

图4-39 吴神阁北立面题字"来龙"

四、其他公共建筑

1. 天柱塔

天柱塔位于东大阳东南端，前河南岸，始建于明万历四年（1576年），竣工于万历三十年（1602年）[1]，为县级文物保护单位（图4-40）。天柱塔原为天柱院中的建筑，新中国成立初拆除

---

[1] 樊秋宝. 经典阳阿. 泽州文史资料集第七辑. 2009：112.

图4-40 天柱塔

图4-41 天柱塔顶端

天柱院后，该塔便独自屹立在镇东，镇守着大阳。天柱塔是大阳镇最高的地标性建筑物，是大阳镇天际线上的点睛之笔。

在大阳镇村民看来，天柱塔的建设在风水上有一定的意义。村东与贵人峰相向之处地形呈壑口状，前河水由此东流。古人认为这有损贵人峰的脉气，建塔之举旨在镇此水口以全其气（图4-41）。

天柱塔为密檐式砖塔，共九层，平面呈正八边形，中心对称（图4-42）。塔门朝西，面对着整个大阳镇。天柱塔全高约36米，平面层层内收，层高也逐渐变小。站在天柱塔脚下朝上仰望，近大远小的空间透视感被加强，给人一种高于其实际的高度的视觉错觉。

天柱塔为实腹筒体结构，筒壁很厚。以首层为例，筒内径仅3.86m，筒壁厚度却有2.1m。天柱塔中每一个洞口的顶部，包括假窗的顶，都由砖起拱来抵抗弯矩，异于大阳镇其他建筑中常用的木过梁。

多数密檐式塔不可攀登或不可登至顶部，而天柱塔却可直上九层，甚至塔顶。塔顶有一圈平台，在这里能俯瞰鳞次栉比的老房子以及周围绵延起伏的丘陵。在2.1m厚的筒壁中间，暗藏着通往上层的石砌楼梯，除首层外，其他楼梯间的入口均在窗口位置。每个梯段

北

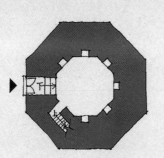
一层平面图

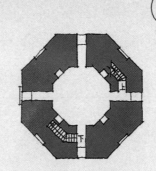
二层平面图

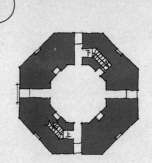
三层平面图

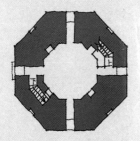
四层平面图

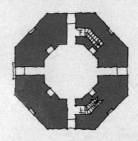
五层平面图

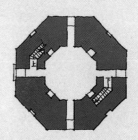
六层平面图

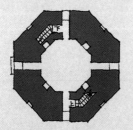
七层平面图

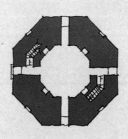
八层平面图

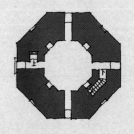
九层平面图

图4-42 天柱塔各层平面图

图4-43 天柱塔三层外立面

大致需要绕1/4个筒体能够上一层,所有楼梯并不都在同一位置,而是以螺旋形上升。楼梯在筒壁内的分布基本均匀,这样筒的受力性能更合理。楼梯踏面很窄,约150毫米,踢面很高,约200~250毫米,首层梯段宽600毫米,到最高层梯段宽减至450毫米,身材高大的人只能侧身通过。楼梯随着墙体盘旋而上,经过400多年人来人往,楼梯已经被人们磨出一个个深深的脚印。

　　天柱塔的外立面很有特色。第二、四、六、八层均用叠涩的方式出檐;而第一、三、五、七、九层则在运用叠涩手法的同时,还做砖雕模仿檐口构造,密布的小斗栱具有很强的装饰性(图4-43)。有些地方仿木构造做到了极致,转角斗栱和耍头都刻画得细致入微,甚至还模仿出了的阑额、雀替以及垂花柱。每一层屋檐的八个檐角处均悬有铜铃,共72只,因饱经风霜,已剥蚀得只剩下6个了。

　　每一层的八个立面上都有窗口,朝着正东西南北方向的窗洞能够通到塔内,起到通风采光的作用。各层面向东南、西南、西北、东北的窗洞只是一个假窗,不通塔内。从外观的角度来讲,假窗的存在使得立面更丰富,更统一,从视觉上让塔身看起来比全是实墙面

的塔身轻盈些;从结构的角度来讲,起承重作用的墙体上开的洞越少越有利于稳定,四列假窗实际上也是减小窗墙比的一个很好的措施。

天柱塔内部空间规整。首层非常昏暗,只有一束光线通过门照进来,打在东侧供奉的神像身上,增加了宗教的神秘感。塔门内原有木雕金装门神两尊,现已不存。首层顶部起拱,由平面的正八边形逐渐向顶部攒尖,先逐渐过渡到圆形,最终收拢到顶部中央,最高处距离室内地坪约3.15米。原有一根木柱支撑在这里,现已不存,只剩下地面上的一块石础。一层至二层的楼梯间没有一丝光线,到达第二层时豁然开朗。从四个方向的窗洞射进来的光线让室内很明亮。窗台较低,但窗洞很深,大约有800毫米。三至九层每层的格局除了楼梯位置不尽相同外与二层格局并无二致。各层对应着外立面假窗位置的内墙上各有四个神龛,龛里供奉铜佛,全塔共36尊,现已不存。

2、贡院

贡院位于小庙巷中段,始建年代不详,是大阳镇古代文化教育事业繁荣发展的见证。可以想象当科举考试还兴盛的时候,这里是怎样一幅门庭若市、熙熙攘攘的景象。

贡院由四个相互串联的院落组成。原有一座大门,门额上题金字"贡院",20世纪60年代拆毁。

贡院建筑从外观上与普通民居建筑相似,只是体量较大,部分建筑采用四开间,砖木结构,现保存完好。房间内部原辟有单间,现均改造为民居。

装饰艺术

ZHUANGSHI YISHU

山|西|古|村|镇|系|列|丛|书

大阳镇的装饰艺术以木雕、石雕和砖雕为主，主要分布在段长官院、张督堂院、赵知府院、君泰号等宅院中。这些院落中的装饰雕塑种类齐全，做工精细且保存较好。

一、门枕石

所谓门枕石，是指门槛内外稳固门扉转轴的功能构件，大多雕刻成枕头或箱子形。随着门第观念的加深，门枕石样式逐渐复杂，由此产生了新的形式——抱鼓石。从外形上来看，抱鼓石形似圆鼓，下部多有须弥座。但是，抱鼓石作为身份的象征，华丽优美，一般仅出现在皇家宫殿、宗教寺庙及达官豪宅中，寻常百姓家只能用丰富多样的纹样来装饰门枕石。

王家大院东厢房的门枕石（图5-1）上雕刻着的麒麟四蹄腾空，脚踏碧波汪洋，周身彩带环绕，似有升天之意。《宋书·符瑞志》里记载："麒麟者，仁兽也"。根据东晋《拾遗记》的记载，圣人孔子降生的前一天，曾有一头麒麟来到孔子的父母家，嘴中吐出一方帛，上面写着"水精之子，继衰周而素王。"预示着旷世贤才即将诞生。因此，麒麟成为了嘉瑞先兆，常常用来比喻罕见的人才和事物。麒麟奋蹄腾跃的形象预示着贤才的诞生，表达了主人家求贤若渴的心情。整个雕件以浮雕的手法表现，在平整的背板映衬下的麒麟呼之欲出，生动逼真。

裴家狮子院入口处垂花门下两侧的门枕石（图5-2、图5-3）均由上下两部分组成。左侧的门枕石（图5-3）上图描绘的是两只绶带鸟立于石上，旁边是一朵盛开的山茶花。山茶花冬春开花，寓意春光。"绶"与"寿"同音，寓意青春永驻，长寿无疆；如图5-2、图5-3所示，为麒麟抬首望天，寓意后代飞黄腾达，前途不可限量。整块门枕石表面平整光滑，雕刻清晰，做工精致。右侧的门枕石（图5-4）上两只喜鹊立于梅花枝上，取意谐音"喜上眉梢"。周朝《易卦》称："鹊为阳鸟，先物而动，先事而应。"喜鹊既预兆贵客的到来，同时也寓意喜事将近，因此是报喜鸟，是深受我国人民喜爱的吉祥鸟。如图中的

图5-1 王家大院门枕石

图5-2 裴家狮子院门枕石左视图　　　　　　图5-3 裴家狮子院门枕石正视图

狮子脚踩绣球，周身彩带飞舞，造型活泼可爱，生动有趣，寓意"盛世连连"，表达了人们对美好繁荣生活的向往。

　　君泰号东厢房的门枕石（图5-4、图5-5）刻有麒麟飞天图，雕刻精细，保存完好，实属上乘之作。雕刻中的麒麟身披细鳞，抬头望天，形象威武雄壮。周身环绕的祥云呈现一派祥和之气。石雕周边以缠枝莲的浅雕纹做装饰。门枕石上表面雕有一株含苞待放的菊花。"菊"同"居"，寓意安居乐业。花瓣清晰，层次分明的菊花图样，周围以柿蒂纹环绕，谐音事事如意。鏊块门枕石做工精美，图案寓意深厚。

　　裴家狮子院厢房门枕石（图5-6）仅用了简单排列成三角形的致密斜刻纹做装饰，这是大阳镇民居厢房门枕石的常见做法。民居建筑装饰的几何纹样大多是通过简单的构图单元重复变换而来，仅仅是从美学的角度进行创造，并无特别寓意。从形式角度来看，抽象的几何纹样似乎与具象的植物纹、瑞兽纹差别较大，与我国古代以风景、静物、人物写生

图5-4 君泰号门枕石正视图

图5-5 君泰号门枕石俯视图

图5-6 裴家狮子院门枕石

图5-7 霍家院门枕石

为主的绘画风格更是相距甚远。这样看来，似乎几何纹样是早期河姆渡、仰韶文化的一脉传承，历史也许更悠久些。

　　霍家大院入口处的门枕石（图5-7）上，麒麟抬首望天，周身附有燃烧的火焰。这种火焰不仅仅出现在民间建筑装饰艺术中，还是古玩器物的重要装饰图案，称作"火德"。门槛上表达的则是"鹿衔草"的传说。神鹿口含圣草，漫步于山野中，周围一派生气。

图5-8 裴家院门枕石　　图5-9 棋盘院门枕石左视图　　图5-10 棋盘院门枕石正视图

　　裴家院子入口处的箱形门枕石（图5-8）上雕刻着寻常百姓餐桌上最常见的白菜、萝卜。"白菜"音同"百财"，萝卜、白菜放在一起寓意钱财越摆越多，一步一财。虽然现在看来用最普通不过的白菜、萝卜作为雕饰图案有点奇怪，不过传统民居的装饰素材正是取自于生活。这些普通事物经过工匠们的精心处理，变成了高于生活的艺术品，成为了现在我们所看到的装饰艺术瑰宝。

　　张家仆人院箱形门枕石（图5-11）上的狮子石雕头部已毁，门墩上雕刻着"凤戏牡丹"：图案中代表着吉祥如意的凤凰游弋在高贵优美的牡丹花中，象征和和美美，幸福安康。仆人院另一门枕石（图5-12）上则雕刻着狮头铺首与门环，环上另坠有红缨坠和铁环，保佑家人出入平安。

图5-11 张家仆人院门枕石（一）　　图5-12 张家仆人院门枕石（二）　　图5-13 王家大院门枕石

151

王家大院入口处的门枕石由蹲着的石狮和箱形门枕石两部分组成（图5-13）。门枕石正面雕刻的是抬头望天的麒麟，左面的骏马回首遥望，纵身一跃，飞过身下的碧波汪洋，马尾鬃毛随风飘扬，颇有一骑当先的架势。马是我国古代常见的吉祥纹样，其不畏艰险、奋勇向前的特点深受大众喜爱。

二、抱鼓石

抱鼓石在延续了门枕石稳固门扉转轴功能的基础上，形态样式更为丰富，成为了展现主人身份最直接的装饰小品。大阳镇的抱鼓石大多呈"如意"形：由下到上由三部分组成，分别为盖有方形锦巾的须弥座、仿锥鼓与方巾组合成的如意形以及竖立的圆鼓。有些抱鼓石上面还会有狮形石雕，叫做挨狮砷。

王家大院中的如意抱鼓石（图5-14）须弥座上雕刻着"喜禄封侯"的纹样。纹样中奔跑的神鹿回首望向站在背上的喜鹊，猴子则在远处戏耍。鹿、猴、喜鹊三种动物谐音"禄""侯"和"喜庆"，综合起来就是"喜禄封侯"。雕刻中将鹿的轻盈、喜鹊的活泼和猴的顽皮的特征表现得淋漓尽致。此副雕刻表达了主人对美好未来生活的憧憬，以及对仕途生涯的展望。竖立的圆鼓上，两只仙鹤相互追逐，展翅飞翔于九霄，鹤身周围朵朵祥云漂浮。西汉刘安《淮南子·说林训》中有"鹤寿千岁，以极其游"的诗句，因仙鹤其仙风道骨之仪态，寓意官运亨通，仕途坦荡。抱鼓石上的挨狮砷虽已破损，但从残迹仍可看

图5-14 王家大院抱鼓石

图5-15 裴家狮子院抱鼓石(一)

图5-16 裴家狮子院抱鼓石(二)

出狮子卧于圆鼓之上，悠然自得，活泼可爱的样子。

裴家狮子院入口处门枕石（图5-15）须弥座可见的两面上雕有两只形态各异的麒麟。左边的一只呈回首跳跃之势，周身被葫芦、如意等杂宝簇拥，足踩绣球，祥云环绕，造型生动活泼，取意"福寿无边"。前面的麒麟则张口龇鬓，富有生气。须弥座上的石狮子略有破损，推测呈蹲踞状，前爪下按一绣球，卷发。

裴家狮子院中院的另一个抱鼓石（图5-16）圆鼓上的图案已毁，无法辨别。须弥座底端刻有如意装饰纹样，上面的方巾自然垂落成长三角形，形态逼真，虽雕有花纹，但因风化作用已模糊不清。圆鼓表面略向内凹陷。整个抱鼓石比例均衡，雕刻精细。北院的入口处，左右两侧的抱鼓石形态基本一致，立鼓上的图案描绘的是瑞兽麒麟回首望月，彩带萦绕其身的场景。

裴家麒麟南院散落的抱鼓石的圆鼓上雕刻的麒麟抬头望天（图5-17），周身环绕着象征吉祥如意的火焰，脚踩钱币、松果等杂宝；圆鼓下面三个祥云纹椭球沿弧线排列，甚是可爱。抱鼓石最下方的须弥座虽已不存，但自然垂落的斜纹方巾保存完好，形态逼真。

张家大院入口处的抱鼓石（图5-18）圆鼓正面的图案已模糊不清，鼓身由如意云纹做装饰，垂下的方巾上，公鸡立于石上，谐音"室上大吉"，寓意合家安康，生活富裕。抱鼓石下端的须弥座由莲花纹样做装饰。

图5-17 裴家麒麟院抱鼓石

图5-18 张家院抱鼓石

三、雀替

　　雀替是指位于竖向结构（柱）与横向结构（梁、枋、过梁等）交接处，用来缩短跨度，防止横竖结构变形的构件。自明清以后，顺应结构构件装饰化的趋势，在保留了雀替力学性能的基础上，装饰样式也越发丰富。大阳镇的雀替多为木质，雕刻的图案多以卷草、龙纹、福寿为主，雕刻的手法有平雕和圆雕，有些还绘有彩饰。造型精美华丽的雀替，成为了民居入口处的点睛之笔。

　　段长官院一进院落的雀替（图5-19）因墙体的破损稍有变形。盛开的牡丹在卷草花纹映衬下格外贵气。牛腿部分镂空雕刻祥云纹。整个雀替造型舒展大气，与段长官院高大粗犷的风格相匹配。

图5-19 段长官院雀替

图5-20 段长官院堂屋雀替（一）

图5-21 段长官院堂屋雀替（二）

图5-22 王家大院入口雀替

院中的正房虽破损严重，仅剩南墙，但雀替（图5-20、图5-21）依然保存完好，雕"富贵牡丹"，花瓣清晰，形态逼真。木雕中大朵的牡丹恣意盛开，一只调皮的喜鹊衔住了一片花瓣，另一朵稍小的牡丹则半开未开。

王家大院入口处的雀替（图5-22、图5-23）可以称得上是大阳镇保存最完好和做工最精美的雀替之一了。整个雀替由横枋与垂落的梓框、云墩三部分组成。横枋与梓框连接处三朵牡丹枝叶繁茂、恣意绽放、形态逼真，两只喜鹊则在花间栖息嬉闹。梓框上的仙鹤傲然屹立于山顶，头顶着如意状的祥云，大有羽化登仙之意。梓框下端的莲花雕饰，花瓣清晰，层次分明。云墩上的纹理雕刻之细，手法之多让人惊艳。云墩分为三段，每两段之间都有花型扁圆墩连接。从上到下的三段分别以莲叶、牡丹花为表现元素。第二段更是采用了镂空雕刻的手法，雕出了体态轻盈的牡丹花球。第三段则如同一颗倒挂的花苞一般，纹路清晰，形态逼真。整个雀替精美华丽，造型别致，尤其是将牡丹花瓣及枝叶缓缓盛开的动态表现了出来。整件木雕寓意喜迎富贵，国泰民安，表达了王家当家希望自己开创的事业可以兴旺发达，长盛不衰的愿望。

图5-23 王家大院入口雀替

　　裴家麒麟院入口处垂花门上的雀替（图5-24）采用镂空雕刻的手法，虽然只是常见的卷草纹，却格外的精美。梓框上刻有一株挺拔的石榴枝，古人称石榴"千房同膜，千子如一"，取自《诗·周颂·良耜》："其比如栉，以开百室"，表达了人们对家庭人丁兴旺，枝繁叶茂的渴望。雀替上的玉米多子，寓意子孙满堂，多子多福。整件木雕运用了透雕、镂空的手法，造型生动活泼。与雀替上方的牡丹装饰纹样相得益彰。

　　君泰号入口处的雀替（图5-25）以莲花为主要元素，卷草纹样的云墩通过坐斗与枋相连。过梁上的白鹭向下俯冲，与莲花结合，谐音"路路连科"。

图5-24 裴家麒麟院入口雀替

图5-25 君泰号入口雀替

四、墀头

作为传统房屋建筑的一个重要组件，墀头是指从山墙伸出至檐口外，承托和保护檐口的构件。墀头的组成较为复杂，按照通常的做法，从上到下依次为盘头上段戗檐板、盘头下段、上身和下碱。在山西民居中，"墀头盘头的上下两段倒置，戗檐板垂直放在下面，上面用砖层层挑出与屋顶檐口相接，在砖板和挑砖上分别布以砖雕"[1]。在大阳镇的墀头装饰中，盘头部分采用青砖向外斜砌，形成弧形的统一整体承托屋檐的重量，无上下段之分。墀头的装饰纹样集中在弧形表面、盘头及上身的交接出。墀头装饰形式多样，题材丰富，大多以植物为主要元素，常见的形象有"梅兰竹菊"四君子，用以显示主人的高雅情操；莲花，代表高洁傲岸，出淤泥而不染。

图5-26 赵知府院墀头（一）

赵知府院宅门外的墀头（图5-26）上部为牡丹砖雕，盘头下部，能够转祸为祥的貔貅如同装饰品一样摆放在博古架中。貔貅虽外形凶猛，却专食邪恶凶灵，因此在我国传统文化是能够保护家人平安，招揽财气的祥瑞之兽。墀头下段的几腿由竹节和云纹装饰而成。

赵知府院的墀头（图5-27）雕饰以菊花为主题。盘头上段的两枝菊花肆意盛开，下段由花瓣纹和博古纹做装饰。《史正志菊谱》载："菊以黄为正，故概称黄华。白菊一、二年亦又变黄者。菊有黄白深浅之不同，而花亦有落有不落，盖花瓣结密者不

图5-27 赵知府院墀头（二）

---

1 楼庆西，《砖雕石刻——中国古代建筑装饰五书》，北京，清华大学出版社，2011年，第64～65页。

落,盛开之后,浅黄者转白,而白色者渐红枯于枝上;花瓣扶疏者多落,盛开之后渐觉离披,遇风雨撼之则飘散满地矣"。明清之际,人们结合菊花风霜傲骨的精神,取"长寿"之意,与其他的花卉卷草纹饰搭配组合成寓意丰富的图案:如菊花和牡丹、莲花相配,取"富贵连寿"之意;菊花配八仙、磬,寓意"八仙庆寿";菊花配牡丹、荷花、石榴、如意,寓意"富贵连寿和平多子如意"如此等等。王家大院中的墀头上两株菊花相互缠绕,生机盎然。

裴家麒麟院南院西厢房墀头(图5-28、图5-29)上端的单枝莲花砖雕采用透雕手法。在西方佛教中,莲花是净土的象征,因此佛常置于莲花之上。唐代,随着藏传佛教的盛行,莲花的装饰纹样在我国广泛流传开来。一茎双花的并蒂莲,是人寿年丰的预兆;濯清涟而不妖的单枝莲则以其"花中君子"的品行成为古往今来文人墨客们歌颂的对象,也成了寄托人们美好愿望的吉祥物。墀头弧形面上的砖雕雕刻烧制完后,直接嵌入砖中。裴家院另一墀头上段的寿桃雕工精细,中间经过三层叠涩之后过渡到竹节框,画面部分雕有纹样。下段为兽腿纹四脚几座。

图5-28 裴家狮子院南院墀头(一)

图5-29 裴家狮子院南院墀头(二)

五、照壁

照壁,也叫影壁,一般是指院落内正对大门,具有遮蔽视线作用的砖制墙壁。大阳镇的照壁装饰大多采用不同规格的砖,通过多样的砌法来产生丰富的效果。照壁通常由檐口、壁身和壁座三部分组成,其中壁身部分通常用方砖或花砖拼接,形成平整素面。壁身中心的中央团花及四角岔花部分集中了精美的雕刻,雕刻内容多与"出入平安"、"驱凶避邪"有关。作为住户出入抬头不见低头见的照壁,既增加了院落的空间层次,同时为住户营造了相对私密的家庭环境。

图5-30 王家大院照壁

王家大院内的照壁(图5-30、图5-31)因风化作用岔角的图案已模糊不清,但是石质照壁心的麒麟回首望鹊的图案仍旧清晰可见。不论是奔腾欲飞的麒麟还是嘴衔彩带的喜鹊,在祥云、松果、大橘等静物的映衬下,动态十足。石材平整的灰白表面与方砖斜砌而成的粗糙土黄色表面形成鲜明的对比。照壁四周的竹节砖雕,寓意节节高升。照壁上方雕刻斗栱、檩条、椽子、枋、屋脊等构件,屋脊上的缠枝莲纹样枝叶缠绕,婉转曲折,展示了花卉生长过程中的生机勃勃。缠枝莲因为具有良好的远观视觉感受,通常作为屋脊的装饰纹样,寓意子孙延绵,生生不息。

图5-31 王家大院照壁细部

图5-32 赵知府院照壁

图5-33 赵知府院照壁壁顶细部

图5-34 赵知府院照壁壁座细部

赵知府院的照壁（图5-32～图5-34）壁身虽没有华丽丰富的图案，仅仅用方砖45°斜砌，但表面平整光滑，再加上雕刻精美的壁座与壁顶，实属照壁之精品。整块照壁由灰砖烧制而成，壁座外环由竹节纹装饰而成，象征节节高升，内环则雕刻有如意云纹，正中央则是菱形"卍"字纹的四方连续，组合起来寓意"万寿如意"。壁顶的图案相对来说比较复杂，檐帽下的砖雕斗栱由卷草纹与祥云纹装饰而成。整件照壁层次分明，雕刻细致，做工精细。

裴家狮子院北院入口处的照壁（图5-35）心刻画的是神鹿与仙鹤傲然挺立于山林中的场景。林中花鸟嬉戏，枝繁叶茂，生机盎然。图案周围由环形竹节框围绕，四个岔角中的图案各不相同，左上角中的仙鹤似乎在与漂浮的祥云玩捉迷藏，右上角中的仙鹤则展翅高飞翱翔于九霄之间。照壁四周有如意吉祥图案做点缀。整个照壁繁简得当，主次分明，寄托了主人希望自己能够像仙鹤一般品行高尚，翱翔千里的美好愿望。

霍家院的照壁（图5-36、图5-37）壁身由六边形红砖均匀排列而成，周围为仿竹节砖雕，下缘的六块精美砖雕呈"一"字排列，犹如六个小窗口般，从左到右依次描述了"猫戏蝴蝶"、"缠枝莲"、"兔走乌飞"、"向日葵"、"奔牛入海"、"长寿菊"的纹

图5-35 裴家狮子院北院照壁

图5-36 霍家院照壁细部

图5-37 霍家院照壁

样。"猫戏蝴蝶"谐音耄耋，寓意长寿安康；"兔走乌飞"则代表日月更迭，时间如梭；"奔牛入海"预示不畏艰险，勇往直前。

张氏主宅中一共有三块照壁，分别是中院的照壁（图5-38、图5-39）以及前院进士坊两侧的照壁（图5-40～图5-45）。三块照壁装饰精美，纹样相似：照壁心同样是瑞兽麒麟的纹样，岔角再现的则是鹿衔草的传说。神鹿口衔灵草，周围花团锦簇，一派春色，寓意人丁兴旺，家族昌盛。四周的装饰图案中，或是神鹿立于山林，踌躇满志的样子；亦或是在盛开的菊花丛中奔跑的鹿；亦或是富贵荣华，艳丽华贵的盛开的牡丹。所有的图案都代表着生活富足，无忧无虑。

图5-38 张氏主宅中院照壁（一）　　图5-39 张氏主宅中院照壁（二）

图5-40 张氏主宅前院左照壁

图5-41 张氏主宅中院左照壁壁心

图5-42 张氏主宅前院右照壁细部

图5-43 张氏主宅前院右照壁

图5-44 张氏主宅前院右照壁细部（一）

图5-45 张氏主宅前院右照壁细部（二）

六、柱础石

  我国古建筑中，柱子下端的基石叫做柱础石。柱础石的存在防止了木构架受潮，避免立柱底端遭受硬物碰撞，延长使用年限。柱础石通常具有优美的形态，如鼓形、花瓶形、瓜形等。在宫殿庙宇等公共建筑中柱础石身还会有精美的雕刻及铁箍等装饰。由此，产生的丰富视觉变化突出了房屋规格的高雅华贵。魏晋南北朝及隋唐时期，佛教的大行其道为柱础样式添加了新的题材。到了明清时期，制作工艺已经达到极高的水平，柱础的形态和雕饰也更加的丰富。大阳镇的民居建筑中柱础大多纹样简洁，以造型取胜。

  段长官院中的柱础石种类繁多，做工精致。散落在院中的柱础石（图5-46）由上下两

部分构成。上部为圆形平躺石鼓，下部为雕有如意纹样的六脚石凳，凳腿逐渐变细，最后蜷缩成卷。柱础石表面雕刻着代表吉祥好运的羊角纹，左右两边各有一只寿桃做点缀。在我国的神话传说中，桃子是仙人们的食物，十分珍贵。代表着吉祥平和。堂屋的柱础石（图5-47）为镇上为数不多的保存完好的覆盆式柱础。柱础表面刻有细斜纹，中间的方形海眼用来固定木柱末端的管脚榫。其中一个柱础从中间裂开，似乎原先是由两块石头拼接而成。

图5-46 段长官院柱础石（一）

　　赵知府院中的柱础石（图5-49～图5-51）虽然形态简洁，但是复杂的纹理使其增色不少。截面呈正方形（图5-49、图5-50），由下往上收分。四条棱上雕刻着四只侧卧的兔子。在传统纹样中，兔子象征月亮。傅玄《拟天问》："月中何有，白兔捣药。"成语"金乌西坠，玉兔东升"都将兔作为月亮的代称，以此来表达人们对美好生活的向往。柱础中间盛开的菊花，寓意安居乐业，上缘的卷草纹样垂下呈水滴状。整个柱础石雕刻手法多样，立体感强，实乃佳作。

图5-47 段长官院柱础石（二）

图5-48 段长官院柱础石（三）

图5-49 赵知府院屏门柱础石左视图

图5-50 赵知府柱屏门础石正视图

图5-51 赵知府院柱

  裴家麒麟院中的一对柱础（图5-52）同样由上下两段构成：上部分为石鼓，表面有细纹装饰；下部分为方形石凳样式，无束腰、须弥座。造型简单，比例均衡。另一组散落在院中的柱础（图5-52）则仅有石鼓造型，无底座等其他装饰，石鼓侧面还有雕刻的把手，整个柱础造型逼真，简约而不简单。

  张家小姐院中散落的一柱础（图5-53）与裴家狮子院的柱础（图5-52）形式类似，只是石材肌理不同，雕刻纹样也更加细致。

图5-52 裴家狮子院柱础石　　　　　　　　　　　　　　　图5-53 张家小姐院柱础石

图5-54 霍家院柱础石（一）

图5-55 霍家院柱础石（二）

　　霍家大院中的柱础石（图5-54，图5-55）算得上是整个镇上最精美的了。整个柱础石呈现兽头几腿造型。四角雕刻着狮头，讴歌盛世，画面的中央则雕刻着麒麟被背后的祥云吸引，侧卧回首。另一面则描绘的是穿梭于梅花林中的神鹿被梅花吸引，回首遥望，踌躇前行。上表面四个固定柱子的矩形海眼分列两排。

　　汤帝庙中的柱础（图5-56）造型简约，两端粗，中间细，好似女子的腰线。棱角部分均被切圆处理。整个柱础造型优美，线条流畅。

　　棋盘四院的须弥座柱础（图5-57）上枋雕有卷草龙纹，中间的束腰部分雕成兽腿样式，云纹做装饰。束腰下部的麒麟低头颔首。

图5-56 汤帝庙柱础　　　　　　　　　　　　　　　　　图5-57 棋盘四院柱础

七、门窗

大阳镇的门窗纹样（图5-58）丰富多彩，大致有灯笼锦、方格纹、雷电纹和籔亚纹这四种。

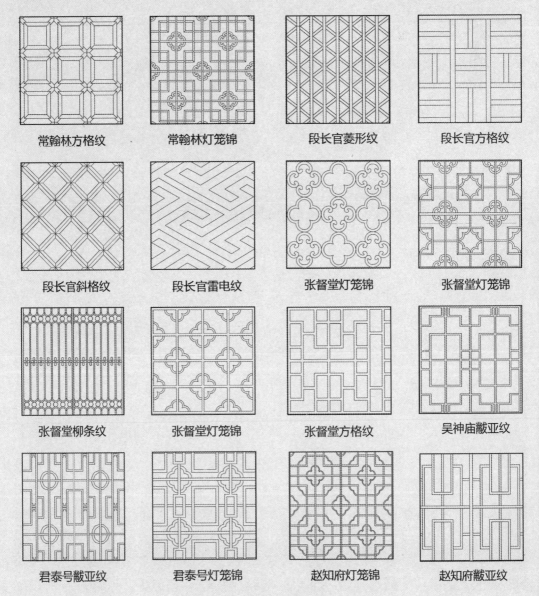

图5-58 大阳镇窗扇装饰纹样

段长官院一进院落堂屋的格扇门（图5-59）直接安装在房屋的两根外金柱之间，由于堂屋较高大，格扇门在格心之上及裙板之下加设绦环板，格扇门上方再设槛，上设横披窗，横批窗上雕刻着雷电纹，寓意长久。单从形式上来看，雷电纹同"卍"字纹非常相似，通过线端纵横曲折角度的变化，产生回旋的动感。根据伊东忠太所著的《中国古建筑装饰》来看，出现于新石器时代的"卍"字纹很有可能是雷电纹的前身。雷电纹在延续"卍"字纹连绵不断寓意的基础上，丰富了曲旋回折的形式。前置的帘架在秋冬季节可以起到很好的挡风作用。到了炎热的夏季，人们为了通风，往往会将帘架取下，代之以门帘。如今保留下来的帘架也因木材的腐朽，失去了可拆卸性，成为了和门一体的装饰构件。

常翰林院正房隔扇门（图5-60）的格心图案是由截面为椭圆形的棂条构成的斜方格，这种图案在大阳镇非常常见。帘架上雕刻着象征财源滚滚、兴旺发达的"铜钱纹"。隔扇门槛上方的横披窗不仅使得采光更加充足和明亮，同时整个门的比例更加均衡、协调。

灯笼锦纹样以灯笼为主体，饰以花瓣纹样，寓意"五谷丰登"。

图5-59 段长官院格扇

图5-60 常翰林院格扇

图5-61 张家花园格扇（一）

张家花园中的正房隔扇门（图5-61、图5-62）虽然规格不大，但是绦环板及裙板上的雕饰非常精美。裙板上的"寿"、"福"、"囍"字周围有如意形纹样做点缀，下绦环板则由菱形浮雕做装饰。格心纹样则由方形、八角形套接形成的龟甲纹和花瓣纹组合而成。腰板上的缠枝宝相花纹样与两边的如意结合成枕头形象征富贵吉祥。南齐王简栖《头陀寺碑文》载："金资宝相，永籍闲安，息了心火，终焉游集。"横披窗边缘上的双盘长纹、菱形纹及四角的飞鸟纹成为了隔扇的点睛之笔。帘架左右两侧对称雕饰着瓶插花和如意组成的平安如意纹。谐音"平安"的花瓶瓶身上饰有草纹纹样。整个隔扇门装饰细致华丽，做工精致，让人眼前一亮。

张家院的格扇（图5-63）格心部分为戬亚纹，窗棂之间有木雕花朵做装饰。帘架上卷草纹位于四周，环绕着象征吉祥的博古。格扇上方的横披窗则是由灯笼锦纹样重复而来。

张督堂院倒座格扇（图5-64）的横披窗为两种元素间隔排列的灯笼锦纹样，门

图5-62 张家花园格扇（二）

图5-63 张家院格扇（具体位置不详）

图8-64 张督堂院修眉

图5-65 段长官院扇窗（一）

图5-66 段长官院扇窗（二）

扇上组成柳条纹的直棂中间还有花瓣做点缀，异常精美。

段长官院东厢房的扇窗（图5-65）为不可开启的直棂窗。整个扇窗由四纵五横二十个单元构成，每个单元由普通的十字纹旋转、错接成了风车的样式。

图5-67 张督堂院槛窗

亚字纹（图5-66）也是大阳镇常见的窗扇装饰，将一个正方形分成九份，以中间一格为中心，其余八个两两组合成矩形，形成风车序列；再将此正方形顺时针每90°旋转，最后四个元素组合成亚字纹样。

张督堂院倒座的槛窗（图5-67）由横披窗和格心两部分构成，横披窗部分为大阳镇常见的灯笼锦图样，格心部分则为四个方格纹与柳条纹结合而成的窗扇。

赵知府院厢房二层的窗扇（图5-68）纹样为相互垂直的棂条组成的45°斜方格纹，造型干净简洁。

除格扇和窗扇外，大阳镇的漏窗也是形式多样。

不同于位于墙体半身高处，同时

图5-68 赵知府院窗扇

图5-69 扇形漏窗

图5-70 潮音阁圆形漏窗

图5-71 弧形漏窗

满足通风、采光和观景需要的窗扇,漏窗通常位于屋檐下,仅解决屋内通风问题,规格较小,窗洞形式并不仅局限于方形,有扇形(图5-69)、圆形(图5-70)、弧形(图5-71)等,极大地丰富了单调的高耸院墙。

八、压窗石、过梁及门槛石

等级较高的民居建筑,会用雕刻精美的压窗石、过梁来显示主人身份和地位的尊贵。长条形的压窗石展示的多是一连串的动植物形象或如连环画般的传说故事等。压窗石常见的图案多为梅兰竹菊四君子,配以诗词名句,颇具书香气息。如赵知府院西厢房压窗石,由于石材质地坚硬,因此大多采用浅雕手法。又由于直接暴露在建筑最外缘,且无遮挡,风化破损较为严重,保留下来的并不算多。门槛是指门框下部,紧贴地面的横木板或长石。大阳镇的门槛多为石制,雕有精美石刻。

1.压窗石

段长官院厢房的压窗石(图5-72)以瑞兽为主题,左右两端饰以丛生莲,寓意本固枝荣。中间的瑞兽按照从左往右的顺序依次为奔腾欲飞的麒麟,展翅翱翔的仙鹤,立于水中的鹭鸶和嬉戏玩耍的喜鹊。"鹭鸶"中的"鹭"谐音"路","莲"音"连",而水流

图5-72 段长官院厢房压窗石

图5-73 君泰号东厢房压窗石

淌于石缝中则表示"顺"。"路路连科"既是对赶考学生的祝福，同时也是对未来生活顺利、通达的美好祝愿。压窗石边缘，叶脉也被勾画出来，舒展细致的卷草纹与层次分明的宝相花形态各异。整幅石雕作品寓意富贵吉祥，好运连连，娴熟的雕刻手法和清晰的纹样使之成为了大阳镇现存为数不多的精品压窗石之一。

君泰号东厢房压窗石（图5-73）同样以瑞兽为表现主题。两端的图案是含苞欲放的牡丹，左边一只威猛雄壮的老虎回首侧卧，似在等待猎物的到来，随时准备进攻。侧置的一对如意纹样中间四只小狮子憨态可掬，形态各异。相较于段长官院中的压窗石而言，君泰号中的压窗石浮雕纹样较深，凹凸感更强，动物的造型更加可爱。

君泰号厢房压窗石（图5-74）上雕刻着"狮子滚绣球"的吉祥图案。四只小狮子形态各异，嘴脚并用，似乎在奋力解开被彩带缠绕的绣球。预示着吉祥如意，财运滚滚。

张氏主宅中的压窗石（图5-75，图5-76）和其他几处略有不同，压窗石正中央雕刻着一只小猫站在竹叶枝上，左右两边的喜鹊一只振翅欲飞，另一只则静立等待。石雕端头的花团簇拥呈三角形。整个压窗石石雕呈梭形，造型别致。

张式主宅前院厢房压窗石（图5-77）下的兽头雕塑形状像狮子，却长着龙头，马身，

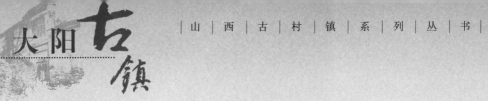

图5-74 君泰号厢房压窗石

图5-75 张氏主宅厢房压窗石（一）

图5-76 张氏主宅厢房压窗石（二）

图5-77 张氏主宅厢房压窗石（三）

图5-78 王家大院厢房压窗石

麒麟却会飞。这样的"四不像"怪兽来源于中国的神话传说，叫做貔貅。西汉《礼记》中记载："前有挚兽，则载貔貅。"清末民初徐珂编撰的《清稗类钞》中说："貔貅，形似虎，或曰似熊，毛色灰白。雄者曰貔，雌者曰貅。"因其具有辟邪挡煞的作用，经常出现在照壁装饰上。压窗石下的兽头全镇仅此一处。

王家大院两进院落中的窗台下都有青石压窗石（图5-78），石上刻有鸟、虫、花卉的纹样，并且题有诗词。

2. 过梁

赵知府院的砖雕过梁（图5-79）表现的是牡丹恣意盛开，枝叶繁茂的场景。端头的卷草纹样舒展自然。

君泰号内院门上的过梁（图5-80）采用了透雕的手法表现了白鹭在莲花丛中觅食的场景。"鹭"与"路"同音，"莲"与"连"同音，莲花生长茂密，连成一片，谐音"连科"，寓意应试顺利，仕途坦荡。过梁上方，一只豹子攀在荷叶上，另外两只立于宝瓶上。"豹"谐音"抱"，寓意主人家财运亨通。

图5-79 赵知府院厢房过梁

图5-80 君泰号过梁

3. 门槛石

霍家院厢房的门槛（图5-81、图5-82）上表达的则是"鹿衔草"的传说。神鹿口含圣草，漫步于山野中，周围是盛开的牡丹花与盘旋的燕子，整幅画面生机盎然，春意勃勃。

君泰号厢房的门枕石（图5-83）上两只松鼠攀爬在结满松果的松树枝上，憨态可掬，寓意长寿无疆。

赵知府院的门枕石（图5-84）表现的是双狮滚绣球，好运连连的吉祥图案。两只狮子拉扯着彩带，周身祥云袅袅，仿佛到了天堂一般，逍遥自在。

图5-81 霍家院门槛石（一）

图5-82 霍家院门槛石(二)

图5-83 君泰号门槛石

图5-84 赵知府院门槛石

附 录

附录1：历史建筑测绘图选录

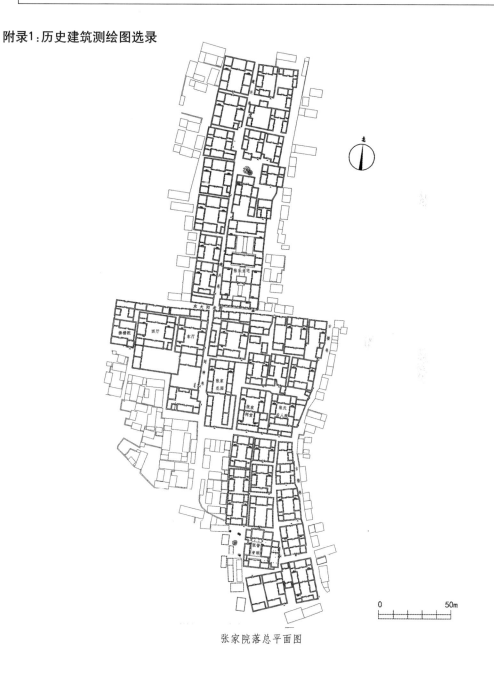

张家院落总平面图

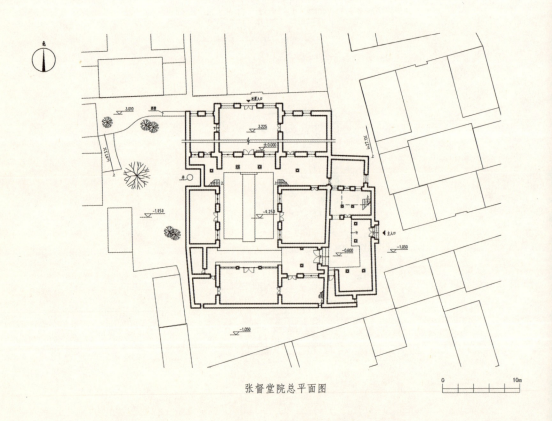

张督堂院总平面图

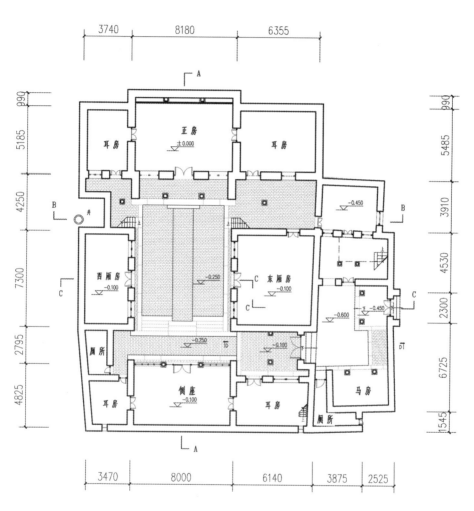

张督堂院一层平面图

| 山 | 西 | 古 | 村 | 镇 | 系 | 列 | 丛 | 书 |

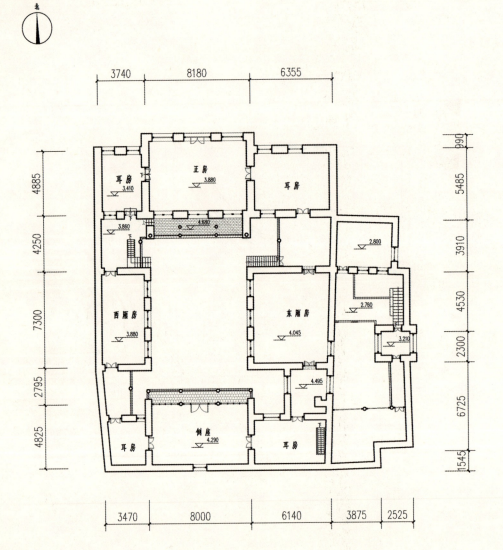

张督堂院二层平面图

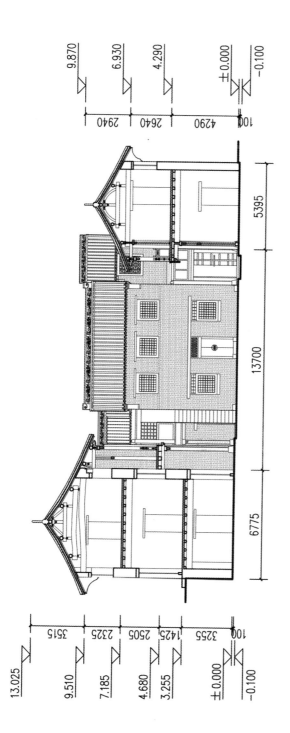

A—A张督堂院剖立面图

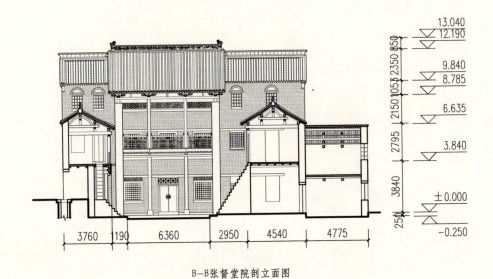

B—B张督堂院剖立面图

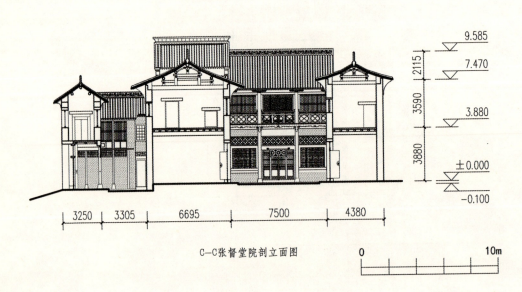

C—C张督堂院剖立面图

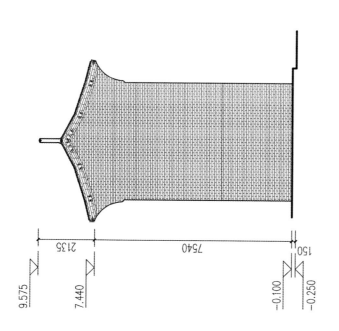
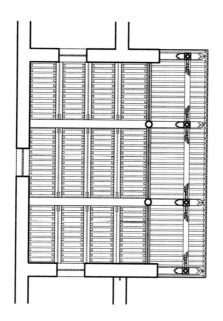

张督堂宅院倒座梁架仰视图及西厢房山墙立面图

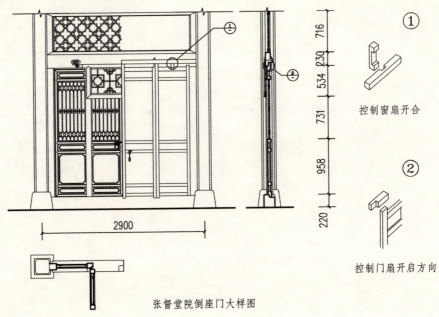

张督堂院倒座门大样图

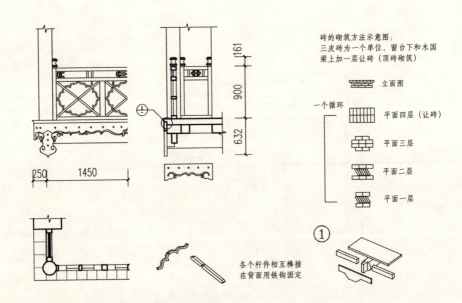

张督堂院倒座二层栏杆大样及让砖砌筑示意图

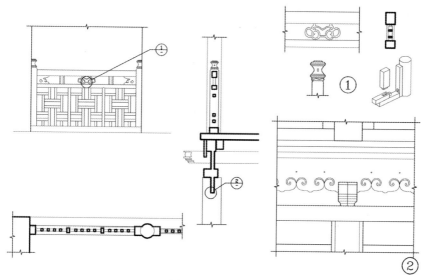

张督堂院堂屋栏杆大样

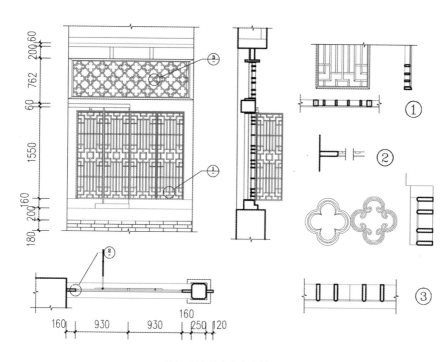

张督堂院倒座窗扇大样

| 山 | 西 | 古 | 村 | 镇 | 系 | 列 | 丛 | 书 |

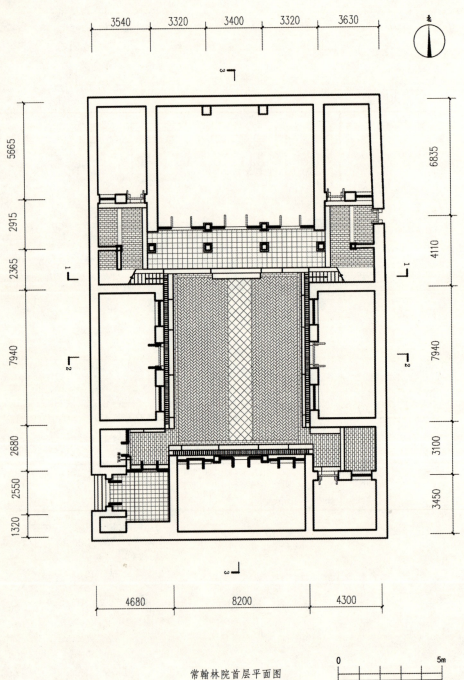

常翰林院首层平面图

常翰林院二层平面图

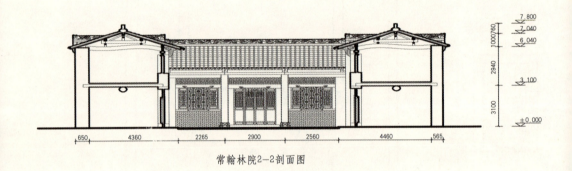

常翰林院2-2剖面图

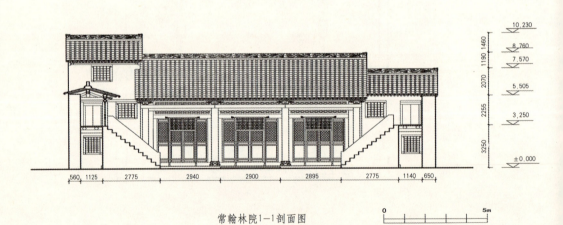

常翰林院1-1剖面图

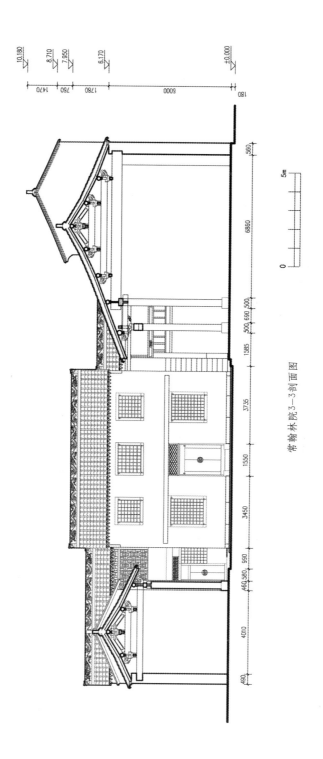

常翰林院3-3剖面图

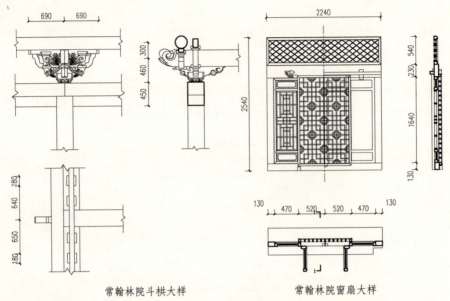

常翰林院斗栱大样　　　　　常翰林院窗扇大样

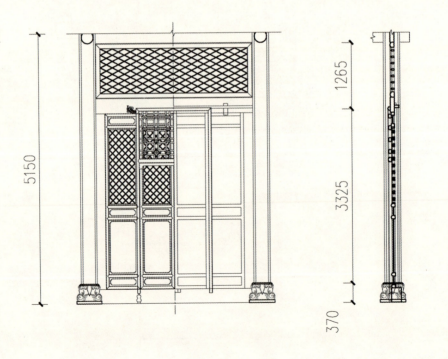

常翰林院门扇大样

棋盘四合院一层平面

山｜西｜古｜村｜镇｜系｜列｜丛｜书

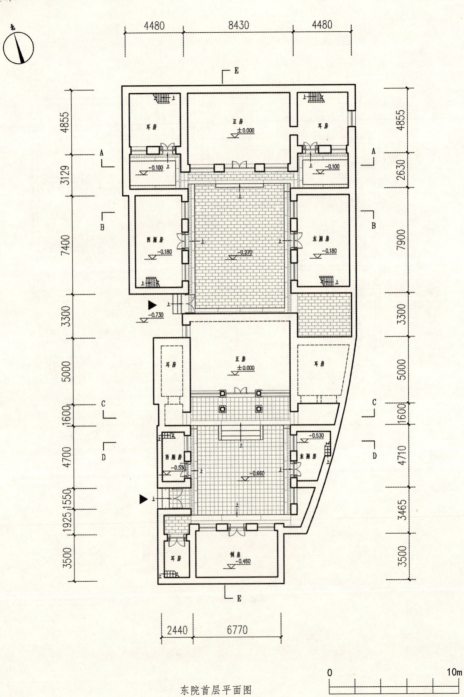

东院首层平面图

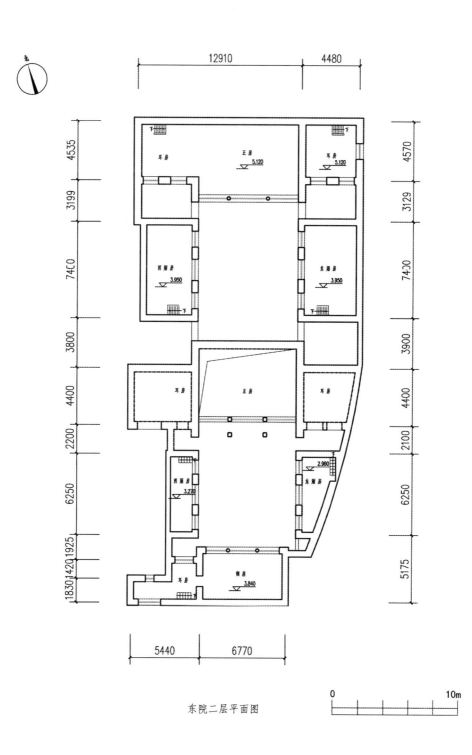

东院二层平面图

0　　　　　10m

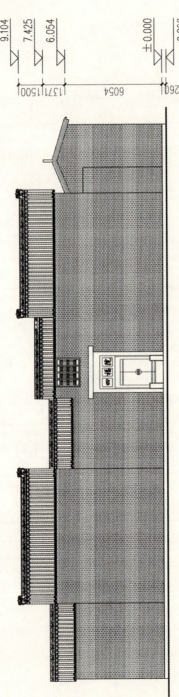

棋盘院沿街南立面图

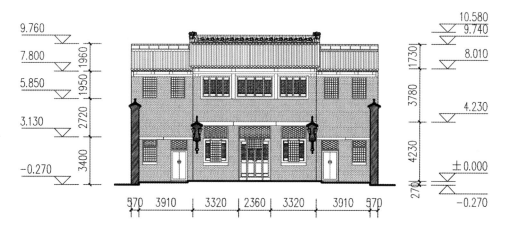

A—A棋盘院东院北侧剖立面图

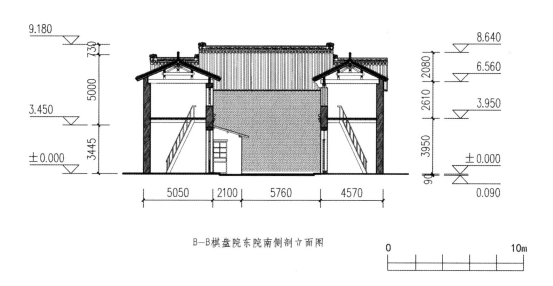

B—B棋盘院东院南侧剖立面图

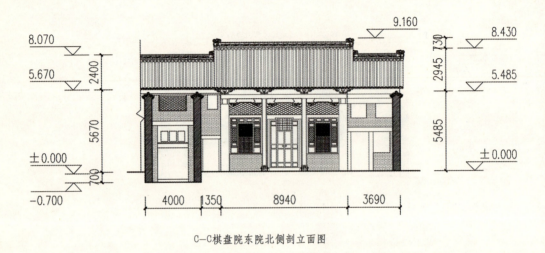

C—C棋盘院东院北侧剖立面图

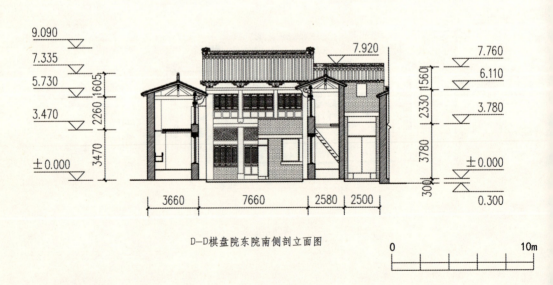

D—D棋盘院东院南侧剖立面图

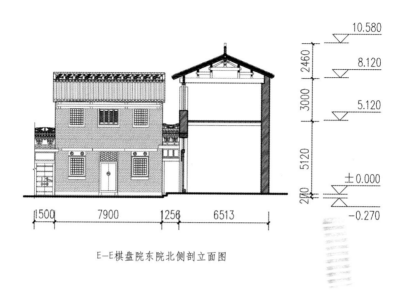

E—E棋盘院东院北侧剖立面图

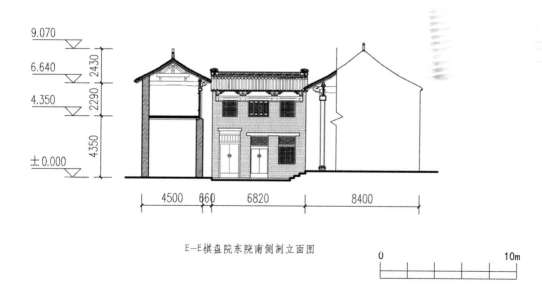

E—E棋盘院东院南侧剖立面图

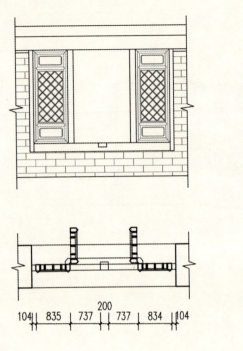

东院厨房窗户大样图

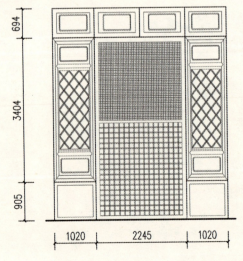

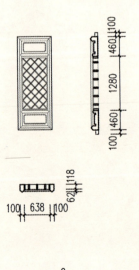

东院正房侧窗大样图

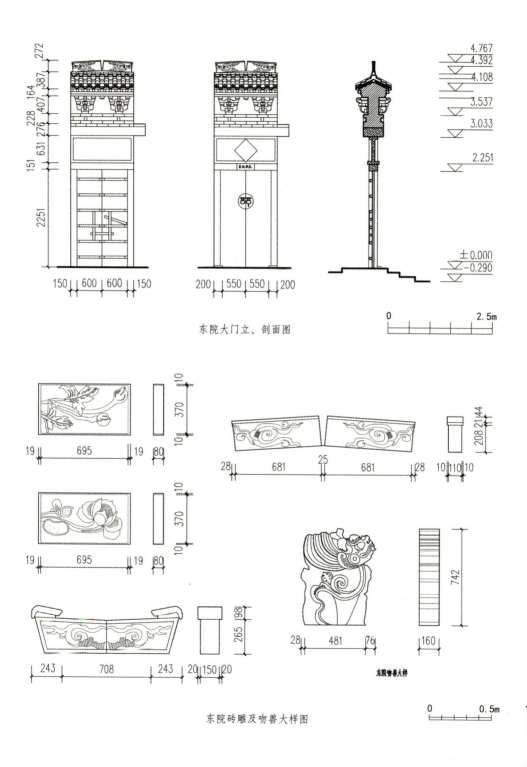

东院大门立、剖面图

东院砖雕及吻兽大样图

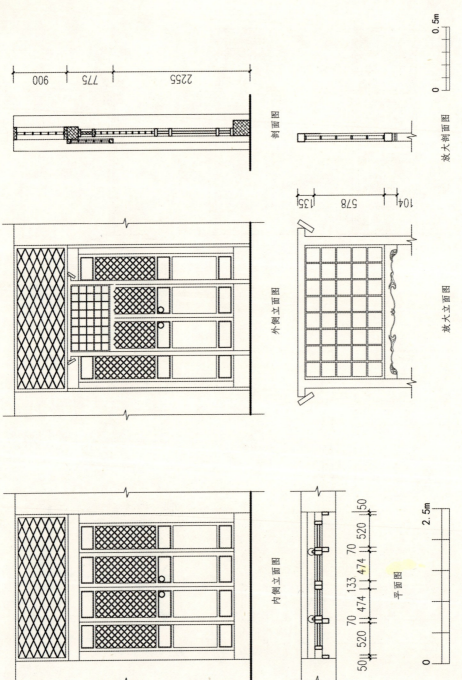

东院正房大门大样图

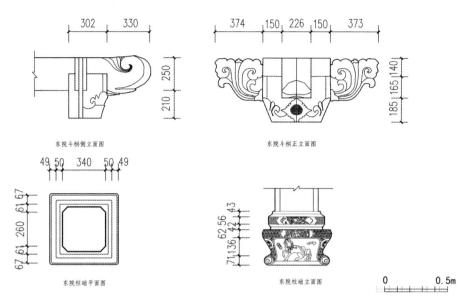

东院斗栱及柱础大样图

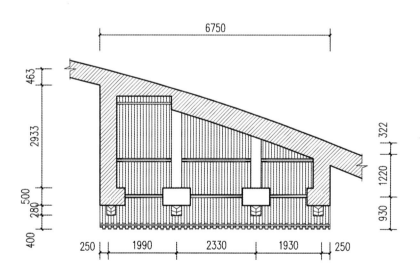

东院东厢房梁架仰视图

| 山 | 西 | 古 | 村 | 镇 | 系 | 列 | 丛 | 书 |

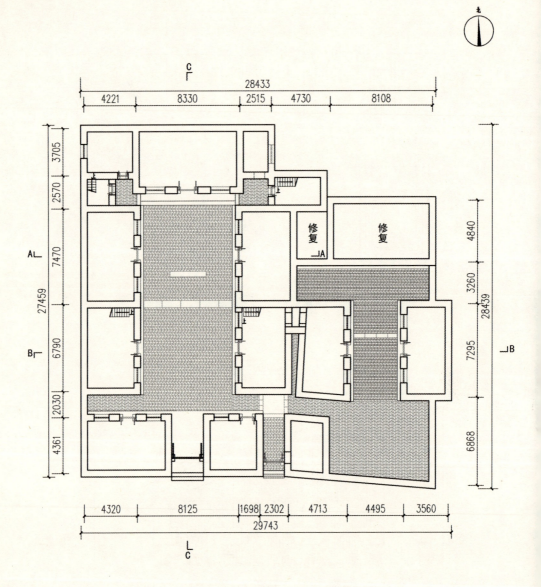

君泰号一层平面图

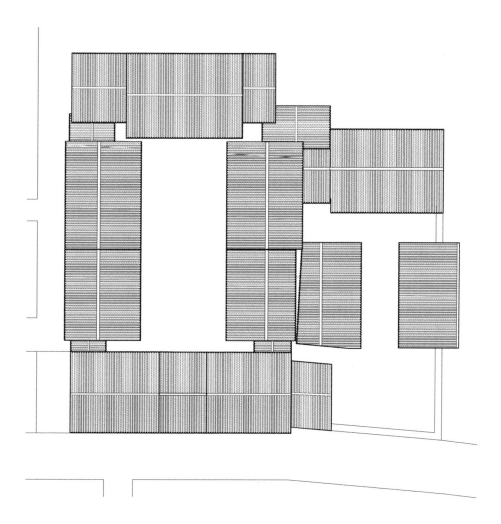

君泰号屋顶平面图

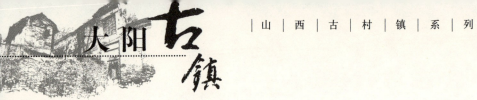

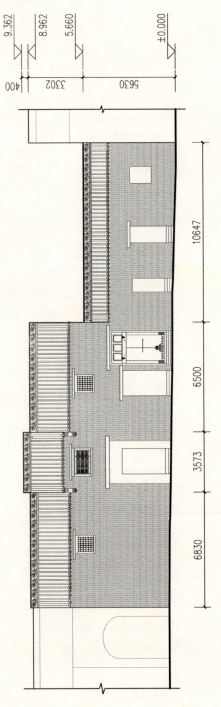

君泰号沿街立面图

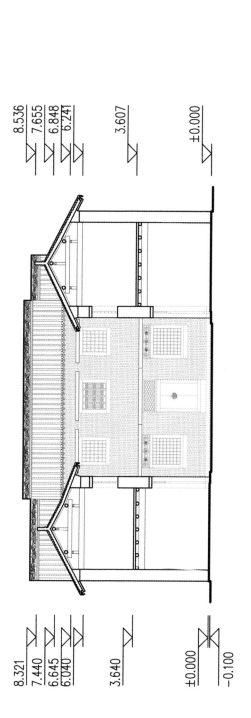

A—A君泰号剖立面图

附录

209

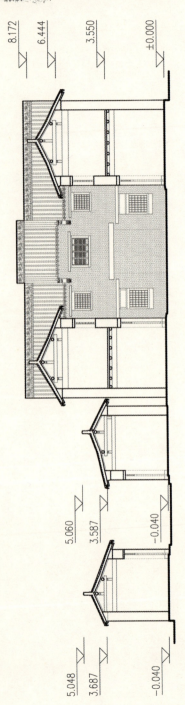

B—B君泰号剖立面图

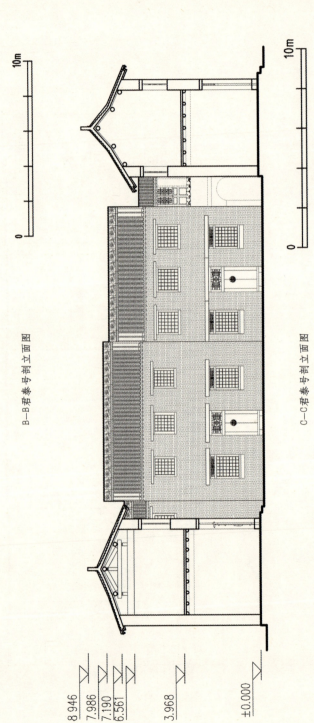

C—C君泰号剖立面图

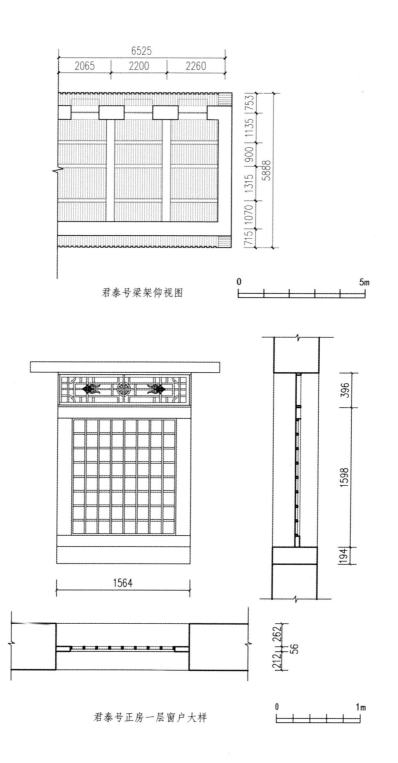

君泰号梁架仰视图

君泰号正房一层窗户大样

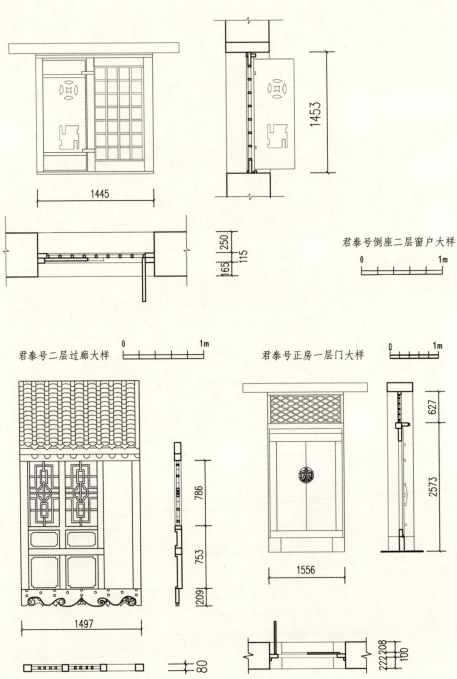

君泰号倒座二层窗户大样

君泰号二层过廊大样

君泰号正房一层门大样

段长官院首层平面图

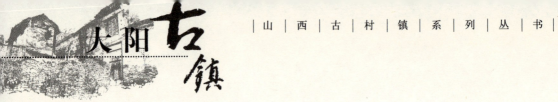

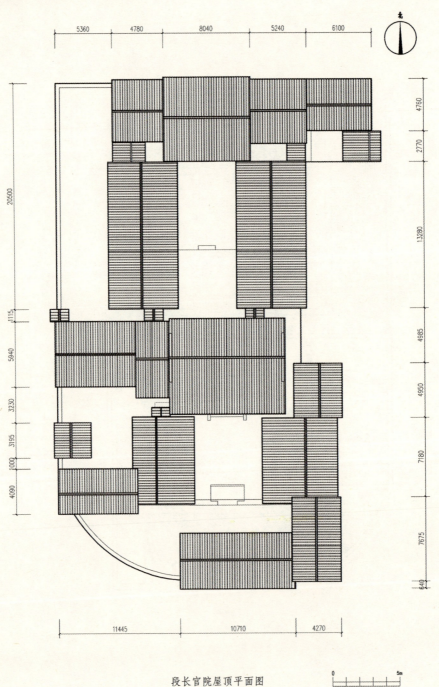

段长官院屋顶平面图

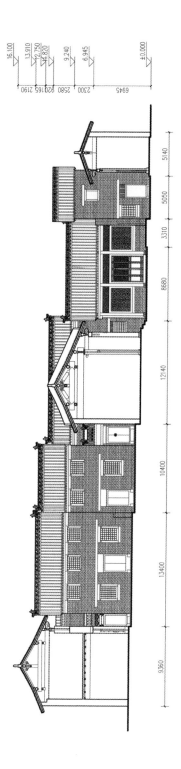

段长官院5-5剖面图

附录

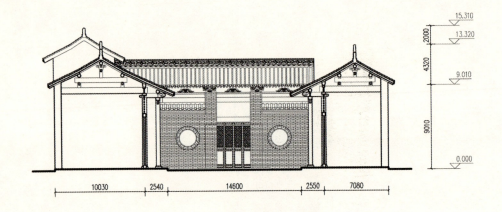

段长官院1-1剖面图

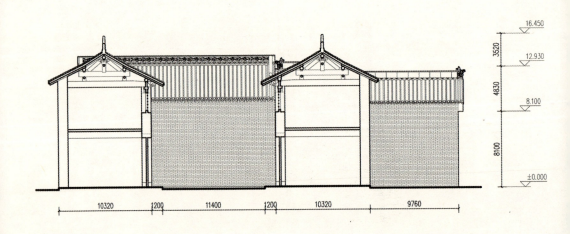

段长官院3-3剖面图

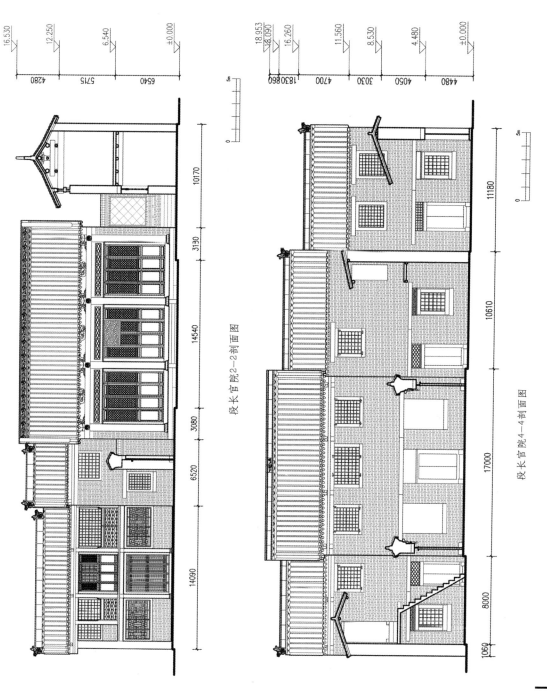

段长官院2-2剖面图

段长官院4-4剖面图

附录

|山|西|古|村|镇|系|列|丛|书|

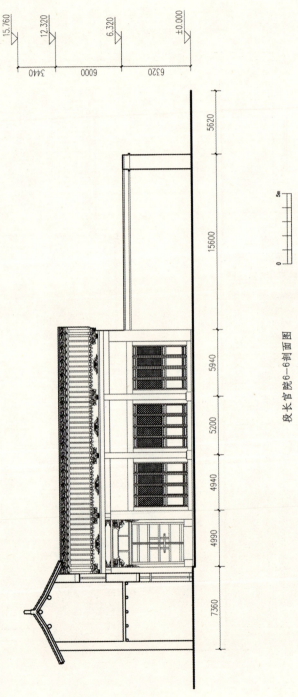

段长官院6—6剖面图

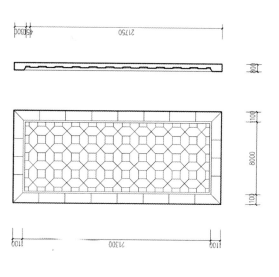

段长官院金钱纹大样

段长官院正房梁架仰视图

附录

219

| 山 | 西 | 古 | 村 | 镇 | 系 | 列 | 丛 | 书 |

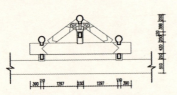

段长官院正房梁架大样正视图

段长官院正房梁架大样侧视图

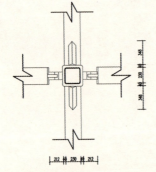

段长官院正房梁架大样仰视图

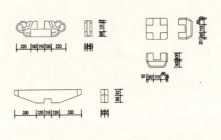

段长官院正房梁架部件大样图

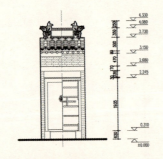

段长官院二进院木门正视图

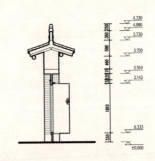

段长官院二进院木门侧视图

段长官院二进院木门节点大样图

段长官院瓦当纹饰大样图

段长官院吻兽大样图

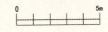

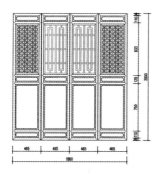

段长官院女儿房格扇立面图

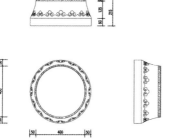

段长官院一进院正房柱础节点大样图

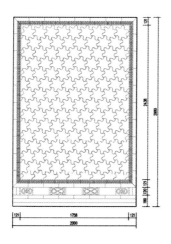

段长官院正门照壁立面图

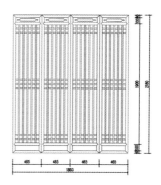

段长官院女儿房格扇立面大样图

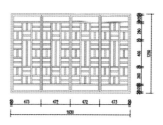

段长官院女儿房木格扇立面图

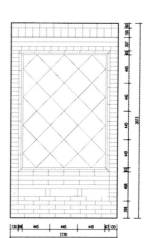

段长官院二进院照壁立面图

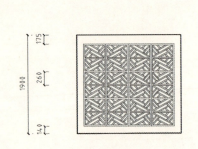

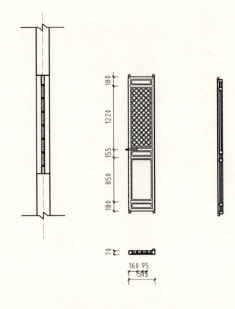

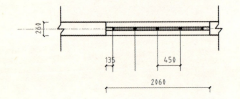

段长官院正房窗扇大样图

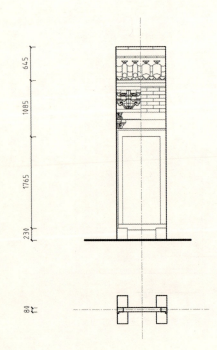

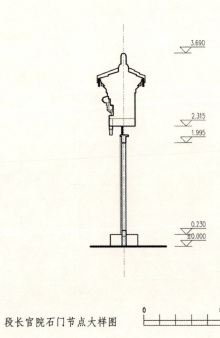

段长官院石门节点大样图

祖师庙五合阁广场总平面图

附录

山│西│古│村│镇│系│列│丛│书

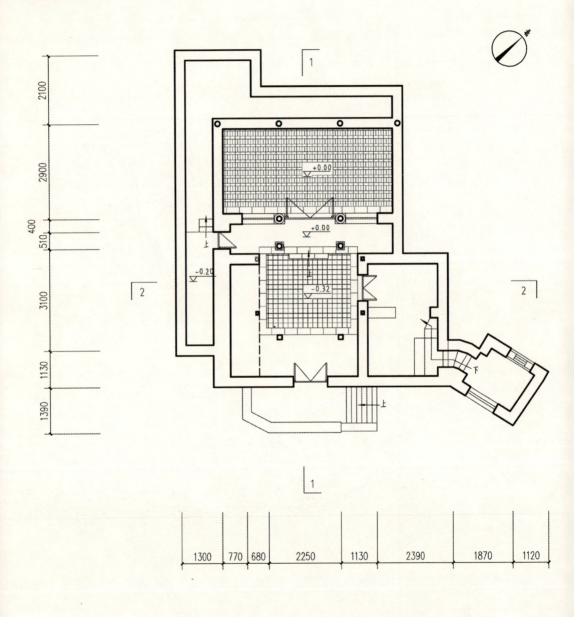

祖师庙及潮音阁平面图

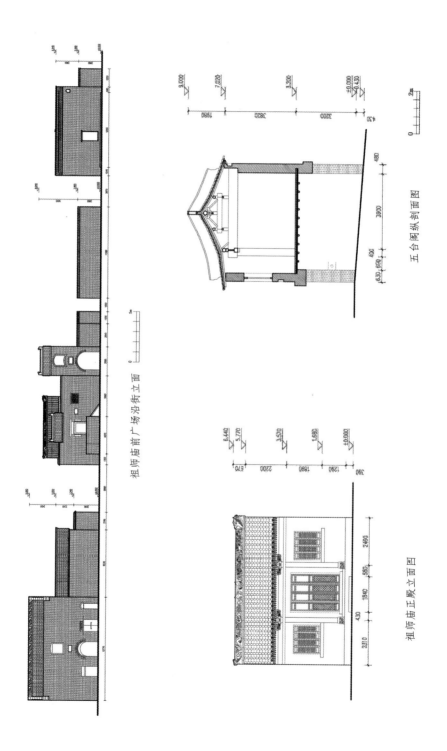

祖师庙前广场沿街立面

五台阁纵剖面图

祖师庙正殿立面图

附录

227

山│西│古│村│镇│系│列│丛│书

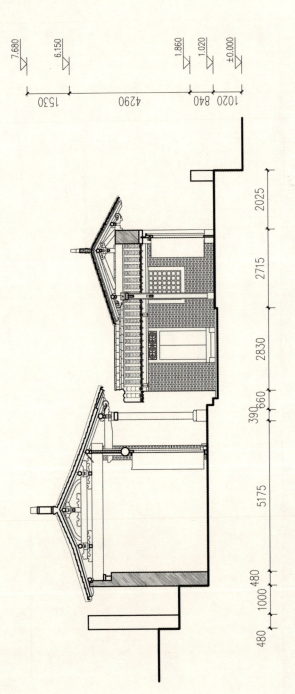

祖师庙1—1纵剖面图

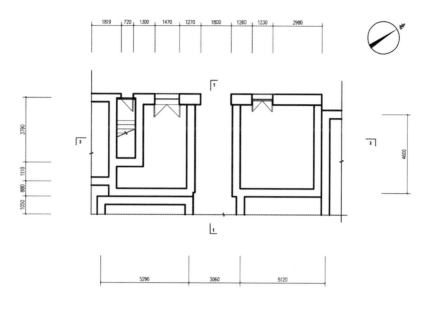

五台阁首层平面图

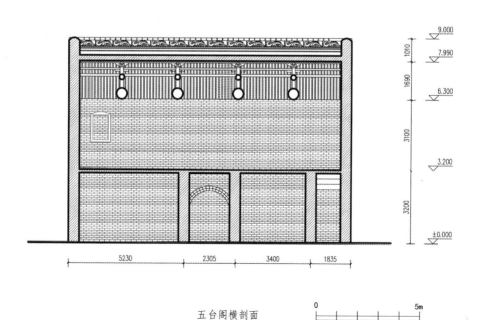

五台阁横剖面

附录2：碑文、诗文及史料选录[1]

1. 石法华像记

大齐河清二年岁次癸未五月甲午朔十五日戊寅，阳阿故县村合邑长幼等敬造石法华像一躯。宝像华丽，借此功福，上为皇帝斋僧，七世父母，因缘眷属，遍地四生，成登正果。

2. 中书门下牒资圣寺

泽州晋城县古永建寺牒奉，勅置赐资圣寺为额牒至准，勅故牒天禧四年正月六日牒。礼部侍郎参知政事、右仆射兼中书侍郎平章事、左仆射兼门下侍郎平章事、泽州帖资圣寺准勒右具如前事溟连录。勅黄怙资圣寺准，勅命指挥赐资圣寺为额者天禧四年正月日牒。司户参军范世隆、录事参军杨从善、推官王贲、判官苑孚、朝请大夫行尚书□部员外郎知冀州兼管内勤农事濩军赐绯鱼袋□□孔式。
大阳村古永建寺者，累代□崇，未谐名额。昨□天禧四年正月六日，伏蒙皇恩，特赐牌额，号资圣寺。为额者思山谷之改，转星河而迁移，故刊壁铭，用记岁华。□皆大宋天禧四载岁次庚申四月壬午朔二十八日工毕。
寺主请法花经僧云惠，请上生经僧法海书字僧普信，堂内尚座僧法爽、僧惠光、僧过江、云先、云叻、云聪、云田、云清、行者七见、应见。镌字刘顺。

3. 重修汤王殿字记

大阳成汤殿宇自乾德五年，我祖刘公之所建，已寥寥数百载，风雨浸坏，神罔攸宁。泳等念神仪之无依，恤祀事之靡严，遂命工匠重加修崇，僝功鸠材，鼎新缔构，易月告成。栾栌耸势，参差排日月之光，甍桷凌虚，炳焕夺云霞之丽，于是神赫威灵，变化龙形以示人。人心严肃，祀事弥勤，既殚基构之制，当尽扬功之美。恐岁月遒迈，罔记其由，因以刻石，昭示无穷，时宣和元年，岁次己亥九月十一日，彭城刘泳记。
维□宋渊、霍立、闰立、元安、孙福、刘泳、刘宇、韩□、韩开，木匠王立、段刚，瓦匠赵崇、赵□。刻石冯仙。

4. 汤王殿芝草诗序石刻

宣和二年进士刘泳作序并七律一首，族人刘衍和韵，进士刘升书：新构汤祠映碧成，梁间瑞草表虔诚。也同□□寒光润，气裹元精素质清。神爵五茎难比□，建□三本未为荣。丞民共喜嘉祥异，和气

---

[1] 根据《经典阳阿》（泽州文史资料第七辑）整理。

时臻□□平。

刘衍和诗：重新古庙一新成，推福昭然□□诚。和气善调口岁稔，嘉祥通化国风清。共夸□□明时盛，未算尧冥按日荣。不独诗人赞功德，奏□朝治驾升平。

5.大阳资圣寺记

晋城县，汉之高都郡也，属上党郡，晋因之。后魏改属建兴郡，明帝移建兴于高都城，孝庄帝复改建兴郡为高都郡，县属焉。北齐置长平、高都二郡。后周又以长平、安平二郡并入为高都郡。隋开皇初，郡废，为泽州，十八年，改高都县为丹川县，因县北舟水为名，属长平郡。唐武德元年，移于源漳水北，三年析丹川，于古高都城，置晋城县，属建州，六年，州废，县属盖州；六年，省丹川县，盖州入晋城。贞观元年，盖州废，为泽州，县亦属焉。宋及大金，固之不改。本县境内，寺院二十一区，大金贞佑甲戌至甲午，存者十之三四。资圣寺，在县北四十里大阳社。北齐文宣天保四年癸酉，梁元帝承圣二年也，号永建寺。至武成河清二年癸未，建石塔二级。后唐明宗长兴四年癸巳，立尊胜幢。宋真宗天禧四年庚中，改赐资圣寺。周围二百六十三步，屋宇二十八间，共一百二十椽，与碧落治平院、泽州浴室院皆法眷也。本寺素乏常住，且过者稀。贞佑兵火后，居民荡析，乡井荆棘，寺几于废。里人王简等，亦游落四方，艰苦万状，默有所祷：" 异日平安到家，当舍所有以答佛力"。既归，乃以所居之正堂五间，与本寺修香绩位，其殿宇寮舍，缺者完之，弊者新之，靡不用心焉。且语耆老曰："本社宋阿李生前为无后，将本户下地土一顷五十余亩施与本寺充常住，见今荒闲有无，借众力开耕，给赡本寺，为修饰润色之费，仍与住持僧添钵，不负我辈报恩之愿"。众忻然诺之，命本寺僧行广主其事。行广，俗姓李，本社人，纯悫谨愿可托，故令专之。自齐文宣天保四年至今癸卯，七百五十一年，其间升沉兴废者屡矣！虐焰之酷，未有甚于此时者。赖有其人家风不坠，不幸中之幸者也。刘巨川济之欲传于久远，求碑以实之，故书。癸卯年四月初六日壬子记。李俊民撰选自《莊靖集》

6.泽州长官段公墓碑铭

承德郎、右赞善大夫刘因撰并书。翰林侍读学士、朝请大夫、知制诰同修。国士李谦篆额。

公讳直，字正卿，姓段氏，世为泽州晋城人。少英伟，有识虑。甲戌之秋，南北分裂，河北、河东、山东郡县尽废，兵凶相仍，寇贼克斥。公乃奋然兴起，率乡党（族属为约束）相聚以自守。及天子命太师以王爵领诸将兵来略地，豪杰并应，公遂以众归之。事定论功行赏，分土传世，一如古封建法。公起泽，应得泽，遂佩黄金符，为州长官凡廿余年。方天下初集，国家以泽冲隘，别置守兵，主将不善制御，恣其侵暴，久之，山民不胜其横，往往自弃为群盗。公上言，愿罢守兵，请身任诸隘，保(„)其元虞。朝廷从之，群盗遂息。公见泽民避兵者多未复，乃借其舍业于其亲戚邻人户末，约曰："俟主还与之，户如故，分出赋如业。"是以民多还聚，且户额少而丁业优，故赋轻而易足。兵后屡饥，其还民无产者复不能自生，公为出粟食之，不使流散。时新法藏亡甚严，乡民不一一晓知。泽当诸军往来之冲，病俘多亡留民家者，若以藏论，籍没从坐，保伍为空。公乃豫为符券，为官使收养，以俟诸军物色者，后凡留俘家皆得以不藏释。州民被俘他郡者，公多为购得之。兵死暴露者，公必为妆瘗之。当大变之余，兵气木巳，生意未复，而泽风翕然以为乐土矣。公又大修庙、学堂、筵斋、庑、庖厨惟备，仍割负郭良田千亩，购书万卷以给之州人李俊民（在金时以明经为举首，后国朝亦被累征，赐号庄靖先生，盖有道之士也），是时方避地河南，隐约自处，公迎而归之。凡泽之名士散在四

方者，亦必有方招延，必至而后已。故不五六年，州之学徒通经预选者百廿有二人。时今上在潘邸有以公兴学礼士闻者嘉之，特命提举本州学校事，未拜而公卒，年六十五。子绍隆嗣后三十三年，绍隆遣其子倪、从事李賁持公行状及庄靖所作《州学记》诣某所，囑赞倪代绍隆拜曰："请先生铭。先公子桉传记，初泽俗洁朴，民不知学，至宋治乎中，明道程先生至晋城三百人，由是尽宋舆金，泽恒号称多士。故公虽不学起行间，然其生长见闻必有起其超向者，故当用武之际，独能以立学为先，敦劝修举，使前贤数百年之遗风不遂废坠。"谓倪："乃祖用是，当铭。"倪应曰："诺！"谨拜铭之，赐公考讳顺。妣赵氏夫人，卫氏勤俭有礼，公既一意公事，凡其所以成家教子者，成内助之力也。张氏、马氏、李氏亦皆贤淑。子男四，绍隆今以迁转法行加武略将军，移知葭州。国初，凡守亲王分地者，一子当备宿卫，绍先宿卫王府。绍相早卒。绍宗未仕。女一适裴氏。孙男六，倪、仪、信、乐、佐、仁。女四，长早卒。次适何氏、郭氏、李氏。卒于甲寅六月，三月而葬，葬建兴乡沙城里先茔。公平生朝京师一，朝王二。王宠，赐甚渥。初太师承制封拜，时授潞州元帅府右监军云。铭曰：天荒泽方，庸试程氏。邦家几时，春风百世。生为后民，为幸已多。钏嗣守土，公如幸何。以当以教，循序兼尽。公为取斯，承此食润。公生阴劳，谓乐斯骄。阅其堂中，幡然盖公。公生用武，谓如貔虎。迹其嬉□，泮水优柔。鲁城弦歌，不以兵坏。既安既宁，宜尔多赖。不远公阡，大刻铭诗。於戏泽人，勿替尔思。（选自《山右石刻丛编》，清·胡聘之撰）

7.明故处士裴君夫妇合葬墓志铭

赐进士第、亚中大夫、山东布政司左参政、前刑部郎中、致仕阳城王玽撰。 赐进士第、通议大夫、奉勅巡抚顺天府地方、都察院右副都御史、乡人孟春篆。 赐进士出身、从仕郎、刑科给事中、乡人庞浩书。

大理寺进士裴君子孝，值其祖香皋寿翁之丧，将启父处士并母李氏之殡而合葬焉，乃持乡人历城县教谕田君经状请铭于予。予与进士叔丰、县君仁甫有同年之雅，荷寿翁老先生知遇甚久。进士君又为世讲，稔知处士与内阃之贤，遂按状而序之。

君讳戬，字介甫，世为泽大阳里。闻家曾大父讳仕荧，大父讳广，俱有隐德。父讳椿，字宗寿，寿翁别号也。有学行，累科不利，以贡任清丰县丞，谢事家居。有司先是举以孝行，诏旌其里闾焉。娶孟氏，生子五人，君其一也。幼而天性孝友，容止与如老成人。及长，负抱才识而志欲以儒显。寿翁因族众政繁，喜而付君以理之。遂祗服父事，竭诚匪懈。兄齔弟冠、爵、绣及诸子蛭。

有器识才敏者，请于父，悉教以业儒。萃之一室，几百所需，皆预为之，俾亡分厥志。以是驳骏然举有成效可观。寿翁恃其有为，乃安意入官。后家声日振，遂告归。尚羊间里，恒以山水歌咏自娱乐。子孙以儒而鸣世者，后先相望，若项皆然。人咸谓处士识见之远，孝友之徵，亦谓其内助之贤也。

君初配李氏，乃衡府审理頫之女，柔嘉贞静，火蹈闺仪，初归处士时，家步尚未充盈，躬经纫春汲烹饪之任，丛息而忘劳，事尊章以孝敬。寿翁贤之，独携之任，一钱寸帛，选或私□。处妯娌和甚，虽服饰不相逮，晏不介注。令子就丰县君学，每夜诵习，必篝灯执女事以□□，可谓妇道母仪得。

年五十有七继配李氏，无出。子男二，长庞习举子业，廉郡庠□□，有闳，娶□氏，□□即子孝，登杨维聪榜进士，观政大理寺，将有大显，娶金氏，女一□□□□□□□□。孙男三，袭聘常氏，襞聘段氏，余在幼。卜以嘉靖二年九月初六吉日□癸，大墓前寿翁口茔之次先处士殡也。其积德累行之美已备诸状元杨口之铭矣。□□□□□□□□能成其兄之子，以显杨处

士夫妇之贤，何待言而□□□□厥本初孝友□□谓□□□寿翁开之于前乎！乃复为铭，其辞曰：夫贵仪口，妇尚德承。家宜而亲，□□口彼。裴君有贤，厥□协德。而□□□，□□□□。晨昏定省，舅

悦而姑宁也。鸡鸣而兴，系枲作朋，俭勤而内助也。家既□□，□□□□，□□□□□也。宜享福祉，寿不耄期，命正而数足也。子孙振振，厥有贤称。光前□□，□□□□。□恩有日光贲丘园，虽没而犹生也。

8.明故郡庠生员秋山兄墓志铭

呜呼痛哉！讵意吾兄之寿止此。奄□□□□□□□还京，兄扬觞言别，策驷南郊，风姿盎然。乃今遂成永诀，以讣闻耶。为□□□□□彷徨莫寄。乃述兄之历履，示诸子，藏诸基隧焉。兄讳宁，字子敬，别号□□□□裴自伯益，厄历汉魏隋唐，敷戚卿辅，史不绝书。我明有讳荣者，为泽下村□□□之始祖。高祖讳彦，曾祖讳广。祖讳椿，旌表孝子，为清丰县丞。父讳爵，戊午乡□三知□事，封翰林检讨。母赠孺人，杨为大桑翁女，生兄为长，次宇，次妹，次弟。桌母卒于父宦丰邑，兄年甫十七，独扶柩葬于家。迎奉继母，封孺人。郜抵任生三妹焉。兄承家传之学，治尚书，补郡庠，继进增广。生资俊敏而性倜傥，不喜寻行数墨，经史通大义即能搞藻敷词，入试秋闱久不第，遂幡然投笔口："奚用是咕哔为哉！"督学者至，招之不赴，准以衣巾家居。于是日优遊园田，尘视轩冕，知止知足，陶然不知世上之升沉也。自少膂力过人，不轻倪仰于人，事鲜惴悸，人莫敢犯。然心地慈坦无机械，人有旧恶忤意，讫无所较。先祖以礼治家范俗，先君垂做，口道严于课子，兄受约束，虽或辛楚，至流泣而心塞诵服。后晨夕恒述以谕二子，念念不忘焉。每与宇言，早失恃时便交递□□。遇亲忌辰，执祀甚恪谨。先君背弃，遗赀口口所问，逮兄弟俱始言之，各给之，其事亲友弟笃实可知。先君贵令闻，重缙绅，暨宇寀□登于朝，兄足迹竟不一至官府求尝，一投刺有司。有显者欲见，每谢不出。其侃侃高踣如此，视世之凭势射利者，不既贤乎！若兴至，触景对花命酌，则有嵇中散、杨铁崖风度。虽或家以急告，不顾也。中年练畅，尤为族里推重。顷举修镇北土地诸神庙，规制□成，众敬服之。至于课农综家，视先业为□，岂非一郡之杰士哉！素鲜恙，嘉靖丁巳偶遘疾，至九月十八日遂不起，距生弘治乙丑二月十八日，享年仅五十三。呜呼！痛可胜言哉。配宋氏，生男二。本固，娶李氏，本正，娶郜氏。女一，适颜问。孙绳祖。孙女三，尚幼。其嗣孙当无涯也。本固等卜以是年十二月三十日，□于大墓祖茔。□次宇不复执绋，视圹甲矣。悲哉！特为之铭：曰：乔木世德，芹泮承香。超识逸度，敛彩含章。乡称伟人，气摧豪右。外无趑趄，内无曲□。第薄其位，宜厚其躬。胡啬其用，复蹇其终。明必有幽，生孰无死。有子传家，有孙承美。亿万斯年，微兹哀诔。

赐进士第、翰林院国史修撰、口务郎兼管诰敕纂修大明会典，经筵官、弟裴宇撰，丁酉科乡进士、弟裴宋书并篆。

9.明故裴秋山先生配宋孺人合葬墓志铭

秋山先生讳宁，本河东裴中眷之裔。乃乡进士、令尹、诰赠奉直大夫、太子洗马兼翰林侍讲怀恬翁之家嗣也。宋孺人即家妇也。母加赠杨宜人，以弘治乙丑仲春十八日生先生暨宇、寀。先生卒于嘉靖丁巳季秋十八日，其家世行履，宇尝据实志而铭之矣，今逾八载，为甲子仲冬八日，宋孺人以疾辛，会于公后过里，其子本固辈复请纪其母仪，余荆妻田宜人哀痛之，谓余曰："曩与嫂宋暨婢孟俱弗及事，杨太宜人及同奉先大夫翁。翁理家严肃端介勤约，虽郜太宜人相事亦极恪谨，宋孺人弱笄，首先服劳，遵内范，独当其难。两妇徐乘，其易兹。幸赖翁姑之训。余叨贵且延喘，妯孟比从，仕先逝，嫂宋孀居茹辛，兹复逝。思念往绩，惟尽伤心。昨嫂病剧，值君如京，已俞儿本立为具棺，君可

冗弗为之志邪。"余亦哀痛。考之孺人，系泽郡李村镇右族。父讳缙，在昆季中尤轩昂，善治财。母徐氏，生三女，孺人为之长，柔嘉维则，嫔裏秋山先生，克效恭顺，先生性毅直豪迈，生平弗为硁硁踽踽状，少不当意，辄厉言色，孺人至泣受，转自艾，讫欢惟然，无介蒂。或与人竟是非，惟直。先生殆不见其，或失，其诚于后一如是，特表之，可为妇道作梗者劝法耳。处姤娌似径直难犯，竟知敦睦，无宿怀也。先岁癸亥清明节，诣姑杨太宜人壙，祭泣，复诣先生塚，祭泣。悼□过哀，遂晕□奥，归自兹病，赖勉摄一载。间，余奉邸太宜人宦邸，旋犹能起。拜晨夕定省，乃又久瘅，竟弗起。平生训子孙，爱亦知劳，恒加诫饬，临终举所收货货给之日：吾焉敢妄费，汝辈宜慎守也。子二，本固，礼部听试，儒士，娶李氏。本正，儒学生员，娶邸氏。女一，适登仕□郎颜问。孙绳祖，业儒，娶段氏。孙女五，长适王茂才。次各许聘在室□。生正德已巳四月十七日，享年五十有六，本固辈卜以本年十二月十七日，奉孺人□启先生之圹合墓焉。乃为之铭曰：大健治外，妇顺理内。外有内□，育□为贵。以是孝先，以是衍嗣。矧饶修能，惟兹福备。香山北麓，溪泉口汇。夫妇永藏，庆流百世。
赐进士第，嘉议大夫，南京礼部右侍郎、前太常侍卿、管国子监祭事、翰林掌院、侍读学士夫弟裴宇撰。乡进士奉议大夫，河南南阳府同知夫弟裴宋书，武进士昭勇将军、擢授指挥使、前禀膳生妊男裴本立篆。玉工李鸢刊。

10.修建玄帝庙记

宋家山，古之庄也。庄域四十里。迤西十里许，即阳阿镇也。庄居群山叠障中，因以名焉。其风醇，其俗美，人多君子行，是以阳阿大姓家多与之联姻结娅焉。民风中知已，山分东西，山之东民多昌厥；山之西民多窘索，观风者每病乾龙迅速离中毒，必建神祠镇之乃可。先时，西券有玄帝庙也。东说者谓，神不得民何受福。乡者邸有贤、宋时、宋加栗，迁于山之西北岗，建正殿三楹，东西殿各二楹。而神像未塑也。
万历丙申岁三月有三日，会玄帝圣诞之辰。本山善士杨、赵二姓，素耽善事，兴然欲修葺焉，遂语人曰："善在人为矣！"论男女普化四方善信家得其所资。以正殿妆塑玄帝像，东殿妆塑药王等神，西殿妆塑子孙百子等神。兹逾工完，请余为记。惟洪漾判而万物各有所统，庙貌建而神灵各有所司。玄帝敕令，镇人间善恶。风神所系，药王活济，生民命脉，攸关子孙锡口广嗣宗祀，所赖二氏，拳拳注意于斯，盖建重哉，以叹殿宇维新，金碧辉煌，神威广发，感应杰著。作善者有百福之乐，染疾者有勿药之喜，乏嗣者无悬孤之灾，庆福利宇有既耶。盖不惟四方沾被利益，而本山之民大见终福矣，风水之说，良不诬也。以斯知二氏之善籍四方之资，而善其善。而四方之福，因二氏之力，而福其福矣。二氏之功，胡可没哉？余是之记。一则，著神圣显灵之感，感应于有求；二则招四方施舍之家，重名于无疆；三则，识修葺之功，传于不朽，故勒之庙碑，万代瞻仰云。

11.霸州知州王侯去思碑记

　　余郡当九河下，地僻民脊，赋繁役重，其萑苻结党，啸然成群，有司莫敢问。晋泽王侯下车止，凭嫉恶保善真心，即申严保甲，规划其地，什伍其民，令各村自为护卫，比邻互为结保。一家容隐，众为攻揭，刊弭盗。增议十三条，凿凿可法，焦直指称为保障，至计知言哉！遂使桀横无可匿之地，而萑苻远遁，其访缉素恶党，把饮赌游食之徒严惩明喻，书识手册，令其自新。一时声教，莫不知畏，知愧，回心向道。秋成瓯窶满篝，□邪遍野，无敢攘窃以自利者，化行俗美，甫五月而吾霸风移矣。且一尘不染，四知常畏。保民以仁接士，以礼而宽严并济，明威相生，洵可伯仲龚黄后先召杜者。他如不腆敝赋，往往起解钱粮，固缘为市，以致稽迟国课，甚至花费包赔，习为固弊。侯议□头，照数收纳，起解计日缴批，赋无滞积，吏无乾没，而上下便经费挪移，狐鼠犹易染指。侯悬镜而照，定为内外簿籍两册，吏书止用登记，侯亲为经理，每月一算，量为调停，郡无废事，民无重征，而上下又便驿递夫焉。霸州既协济涿良银三千余两，不堪更为骚扰。况已经提请明禁，以□重累，凡此皆吾郡积害，久不能除。侯毅然议革，虽艰于时，未尽举，而规划有成算矣，故识者目为救时能臣。方望大展经纶，福星一路，何五月，而夺爵之报至焉。遐迩士民无不惊叹失依，赴都乞留者如归市，未获遂愿。不旬日，而壬人弹冠，四境复告警矣。夫以素号多盗之邦侯而屏息，侯而复作。士民目击风俗变态，益恸心侯之德政而堕泪也。幸谋立石以继燕然故事。庶直道之风不著于朝而野存之，侯之□政不伸一时，而常伸万古也。不肖绵薄，不能为贤者争执，以尽子民分义，乃从诸君子采舆论之请而勒之说。侯讳国士，字丹東，山西泽州人。

赐进士第、承德郎吏部验封清吏司署郎、中事事事、前太常寺博士、郡人李时光撰（此碑存于霸州，明代霸州后改为霸县）。

12.明故装孺人宋氏墓志铭

中宪大夫、陕西平凉府知府符明裴述祖撰。

万历甲辰五月十九日，余从弟妇宋孺人卒于家。外内伤之，以其贤而不寿也。抵今戊申，而伤者如新焉。夏抄既望，其子弘王辈将祖若父之命，以苴杖谒余，泫然流涕曰："不孝之背我母也，四越年所于兹矣。缘岁时之无良，尚未就泉扃迹。始得吉以勉襄堩事，恐懿行之湮泯益以重不孝之戾。窃议不朽于死者惟伯父，不忍于生者亦惟伯父，幸赐一言以志其幽，"余甚悯之。按宋之先世，占泽马村里籍，至忠州守，以名宦闻，而族愈大，数传而为诸生巇峰公。巇峰讳宗歧，娶于颜，感异梦而生孺人。端苴静一，聪慧不凡。甫七龄而失恃，哀毁宛若成人。巇峰极钟爱之，为其慎凤鸣之卜，择婿而得余弟逸士元弼。弟舅曰："光禄公自裴氏以宦业盛。"而光禄公素豪迈，所连姻皆右室。诸姒娌渐习为华丽，而孺人家故儒，以冲素夷然其间，自若也。则相顾而曰，使吾曹愧见纨縠矣。惟时，王父诏进，朝列大夫。顺庆翁暨刘太母犹然在堂。顺庆翁性好客，光禄公佐之，日挚鲜醑酒以客为政，孺人凤戒庖事，咄嗟取辨，无少抵牾。方孺人之于归也年仅十有四耳，畴尝少孺人者及龁称为佳妇云。无何，光禄公宦江南北，李母以疾留，孺人代司家秉，晨夕候问顺庆翁安否，退而调摄姑氏。尝汤菜，课耕织，理中馈，治□氅，潞随身，先于姒，不以相援，下逮井臼簏绒，罔不秩然有条。时时谓元弼弟毋内顾为荒而学。比颓于数□，则又慰藉之曰，命也，何薄薄为阶下侧弃而哦者。足亢吾宗，盖诸郎已任□□矣。其佐元弼弟施予穷乏，岁时问遗，戚里必周。又推而为桥梁道路庙宇之助，源源者亡已。以故，属纩之日远近连洒，元弼弟哭之恸，再越岁而悲，犹未已也。客劝元弼毋过悲，元辩哽咽曰："李献吉有言，'吾妻亡而后知有吾妻也。'吾妻在，以一人之志虑整顿吾家，甚暇禧□□众人之志虑，分理之不免纷如，吾讵忍死吾妻耶！且也，吾性懦昧，赖吾妻警导以轨之正之者。今有失而孰我规也？有疑而孰取谋也？疴痒而孰与分也？夜伴诸子读而孰以□□□也？吾讵忍死吾妻也！"光禄公亦言："忆昔议婚之辰，筮者以为贤而啬□，了犹□者。久之，又念□缺梁鸿非鳏夫也，今果如筮言矣，殆予门之不幸也夫！"嗟嗟，母仪妇道，闺闼可型，则孺人之自不朽也！麟趾凤毛，封章可待，则子姓之不朽孺人也。不朽者，安问彭鑑？孺人亦当瞑目于地下矣。距其生为嘉靖四十三年二月十二日，享年仅四十有一而已。男子三人，长弘生，娶太学生陈三益女。仲弘才，娶廪膳生田可助女。李弘纲聘太学生关天钦女。女子亦三人，

一字官生张光奎子茂和。一字朱来诏子良翰。一字武尽善子秉政。孙男二，长必德，聘樊氏明德之女。次必闻，聘陈氏太学生良知之女。孙女三，长字段耀然，为庠生润身子，余幼。卜季夏十八日葬于北岭新莹之次，从吉兆也。呜呼！在口亲不相诔，远嫌也。余稔知孺人之贤，故暑节而志如左。复为之铭曰：于惟淑媛，贤重闺闱。百千□比，十四于归。□木事尊，鸡鸣相□。□□方新，令仪滋著。勤劳彻夜，庭院同春。昊天不吊，婺宿俄沉。秋陷□遭，寿不敢德。嗣繁而才，补亦靡忒。牛眠吉兆，马□崇封。珠光玉气，是为裴室。

13. 建金龙四大王行宫西行廊记

社首：王思荣、王宾、王崇诰。

阳阿郡风纯民善，凡有兴作多捐赀趋投者，况金龙四大王职膺江河，威灵赫奕，福佑商人，众尝敬畏从。先岁于阳阿南境建行官，创殿宇，社首督众纠工。郡人李子菁、邹子希颜久涉江河，屡蒙阴佑，故乐随社首并会人亦暑捐赀替翊厥事。既已落成，彬彬郁郁，有碑记矣。邹李二子复见左右旷地亦可营建者，于是延会友，捐赀帛，伐木石，督匠纠工，建西行廊三楹将以祀，事毕享神惠耳。功既告成，命于青州丈人以纪岁月云。

修正殿斜殿施主列名于后……金妆右侍尊施主列名于后……油画正殿施主列名于后……创建西行廊施主每分银各钱，列名于后……大明万历四年岁在丙子九月吉旦。玉工李鸾刊。

14. 重修汤帝庙东廊房记

泽州西北四十里许，有曰大阳西镇。西镇其镇之中有成汤圣帝之庙，建之何代，未可考也。殿悬牌额大元至正四年，脊有记我朝成化七年重修，嘉靖三十五年再修。镇之人每二年轮换水官，朔望祭献，春祈秋报，未尝间也。盖因多屋年所风雨圮坏塌损，东廊房已经五年。万历六年，社内水官为首李朝阳，省祭王东夏一十七人捐金，堆积砖瓦，置买木石，于十月吉旦补修东廊房六间，东南房四间，墙垣、西廊房、北越墙。米食工价尽不取于镇也。兹以工成之后水官姓名恐其久而湮也，故笔之于石，垂之永久而不替耳。

计开姓名列于左：大阳北里姬良玉施银贰两、庞嘉言施银贰两、段永寿施柳树壹根、段疏施银壹两、聪选省祭王东复施银陆两伍钱、武世勋施银壹两、浦府仓大使段承组施银壹两、承差王永兴施银壹两、西里监生段尚质施银贰两伍钱、卫吏金铸施银贰两、知印段尚志施银壹两伍钱、东里申朝司吏金赤施银贰两、卫吏霍承诏施银贰两、李村中里李朝阳施银壹两、沁水马冲施银贰两、四义东里李景云施银贰两。

余未献者折出银叁两捌钱伍分。东川李景行书，陵川县梓匠王准、王庄、庙官霍绍仝。大明万历七年岁次己卯春二月吉旦立。玉工李鸾刻。

15. 增修吴王庙记

西大阳乾地有吴王庙，援稽所跻，盖□□西□□山而创建者。山在村之西表，昔人奉吴王像于其巅，应感如响，时人赫然敬畏之。后有妖者□□□岁大乡人骇而毁其栋宇，兹地遂因庙之。在正德年间，宁□县令成锡等综理厥事，草创正殿三楹，南殿三楹，底法构而中止，历经凡三修而亦竟未备。岁久垣墉复葺，户牖□□□□神塑未置，空旷口口五十载，至嘉靖四十年，成辂。仍旧功而修且增焉，筑两翼室、东西殿各三楹。其正殿为吴王，其东斜殿为龙王，其西斜殿为香山神，东殿则风伯神，西殿则子孙神，南殿改为大门，出入之所，庙貌巍然焕然。然而数十载□□□□，至是迄然而告成矣。尝考纪籍，太伯让位，起封口吴，兹晋土地，斯神奚事焉。祀典云，凡有功德于民者则祀之，当商衰周盛，大王志在翦商，太伯不从。□□逐□，传位季历。太伯识之，即与仲雍托逃荆楚，断发文身，示不可用。国民仰德归心，君事之。乃都平江，□冕听治，号曰吴勾。后人追慕其风，故立庙，意者其□兹乎'□狄，梁公毁谣祠千七百所，仅存惟四祠而□伯遇焉，其当祀也，□奚疑。社首成永、湿霍、本周、成性、段鲶□刻石以阐前功不朽，请余为记，因备举其建之终始云。万历十年十月吉旦立赐进士第、刑科左给事中、前翰林院庶吉士、礼科给事中、吏科右给事中、巡礼束营械务、郡人元冲张餐口撰。廪膳境泉申令篆额，野士东川李景行书。

16. 重修资圣寺记

予闻之，文中子曰："佛，西方之圣人也。"其说本于列子。盖佛教行于西，犹儒教行于中国，禅慧宗旨精者得吾儒之似。至谓大地山河为幻妄，谓君臣父子为假合，则荒诞不经。故自汉明以后，历代绵邈，其教递盛递衰。与吾儒角学者诵法，孔氏往往辞而辟之。要之，佛教亦未可尽废也。涂之人过孔氏门墙辄掉臂以去，遥瞻佛院则持瓣香而趋焉，一何恭也！旭夫悍卒三尺冈，终入寺门则口念弥陀，合手礼拜，一何驯也！破釜失声，箕爷谇语，人情谁轻一毛？至为檀越，施舍则千舍不吝，又何易也？盖佛教之渐民也久矣。彼其三涂六道八难二轮之说，不惟愚民崇信，奔走香火以徼福利，所称二谛四宗□阐名义，衣冠之士犹然北面焉。夫地非西域，俗异恒沙，人匪缁髡，欲以空寂持心，经戒行而登天下，于皇王之理也，即大士如来或亦难之，而况其遗教乎？然能使人绝欲妄而守真空，畏果报而修善业，以助吾儒文物条令之所不及，则亦胡可废也。
吾镇旧有寺，北齐天保赐名永建，宋天禧改名资圣。历胜国昭代，因之岁久倾蚀。镇人守备裴本立、寿官李时中等捐赀募缘，大加新饰。金妆大士菩萨三座，重修正大殿五间，护法善神一堂，东西方丈两院，上东楼五间，下东楼六间，二门一座，碑亭四座，月薹二座，后墙一十八丈，俨然□名刹云。愿藉如来力，同登上乘天。此所谓可以佐儒教亦今日重修意也。
修起于万历六年，迄十七年工完。寺僧理季、理委、心明勤于督慕，终始多劳，得并书。其他檀越名氏，则详列于碑之阴。
赐进士第、文林郎、工科都给事中、侍经筵官、前翰林院庶吉士、晋城张养蒙撰。万历庚辰选贡，顺天府霸州大城县教谕、晋城李先蓁书本寺院主僧心明，同弟心妙、心保、心宁徒性阳大明万历十七年仲春吉旦。泽州大阳北里一甲里长李时中、同男李葵、孙李世绩立。玉工李弯刊。

17. 题资圣寺遵修水陆斋记

水陆之设其来久矣。盖自梁武帝初登极，梦僧告之曰："六道四生受大苦恼，宜修水陆斋以济脱之。"
帝叩诸沙门，宝志公曰："寻经必有因缘。"帝取佛经，躬自披阅，创造仪文，捧文白佛，由是而明蚓烛、震宫殿、坠天花，金山寺依仪修建，此水陆之缘也。
咸亨二年，长安法海寺僧名英者尝独坐，有异人谒曰："弟子知有水陆斋可以利益幽冥。自梁武帝殁而因循不行。今大觉寺吴僧义济藏此仪文，伏愿如法修设，可释狴牢也。"英如其言，得仪文，敬修设肃如也。次日曛暮，向者异人与十数辈复谒曰："弟子秦庄襄王也。"指其从曰："此范

睢、此穰侯、此白起、王剪、张仪、陈轸……各坐本罪，幽囚阴府，大夜冥冥。今水陆设而我辈生人间矣！"此水陆之应也。夫事有其缘则人有稽而易从，有其应则人有激而乐举，是以水陆仪文大布于天下也。大阳镇资圣寺旧有是会，亦因循废旷，镇中寿官李时中同都合富、本寺僧理季并会中二十余人重修是斋，每月朔望次弟举行，遇元宵日尽夜樿祀，数夕隆然，而坛深然，而祀群然，而僧其仪秩秩焉，其乐锵锵焉，其人情睦然而和，祗然而敬焉。经经十余年不敢废，金山之盛典若在，遵行吴僧之仪注无湮，季世观音成日一时盛举也。复会银帛若干，充本寺营殿栋宇之用。

呜呼！佛教兴则水陆之仪文日著，水陆举则佛氏之清教日炽，此樿祀之典、乐施之情并行而不容已也。况闻益利幽冥之说而起一慕心，闻阴府大夜之说而起一畏心，移所慕者以慕百代之纲常，移所畏者以畏一壬之纪律，则善言善行日滋于海内，而圣明之治化未必无补云，故为记。

明万历十八年秋八月吉旦庚辰选贡、顺天府霸州大成县教谕、郡人李先蓁撰。庠生李华书。

18.重修舞楼记

阳阿西镇汤帝殿前，旧有舞楼六楹，不知创自何年，无碑记可考。乡人每岁春秋祈报，伶人贱工成集于斯，以口歌舞蹈仰答神休，然岁久倾圮。万历己卯，水官捐赀重修，已书姓名于梁间，工未毕而中止，历十二载风雨日侵，又有将圮之状。今万历辛卯，水官段纶等一十六人亦各捐赀再修，厚其茨盖，补其阙略，凡未完者至此完矣。乡人见其乐施，皆欣然馈食以赞裹其事。何也？敬神者人心之所同，作善者夫人之良心也。今舞楼之修，虽众人同有敬神作善之心，而所以图功攸终者，乃庞子继祖之举耳。故笔之于石，纪其始末，以垂不朽云。

眚大明万历岁次辛卯仲夏穀旦，会川庞有恒撰，文峯霍愈书，计开捐赀水官共施银陆两列。

19.西阳阿创建玉皇庙记

阳阿旧有西门，创于嘉靖丁未。下为通衢，上建三官殿，面东而居焉。正殿三楹，旁翼以小室各二楹。殿前仅余人行狭道，□□□□万历九年，乡入霍君守仓等乃增修之。循殿而东，凳以砖台门，仍旧制，纵横各数丈，其高与殿基垍。殿之前为礼亭三楹。亭之前墀深丈余。南北为斋□堂各三楹。墀之前为廊房三楹。廊左右为钟鼓各二楹，规制宏阔，视旧额盖增倍十矣。殿之北仍有隙壤，复议为玉皇庙。于时，不出于财力之弗逮，则阻于重修汤帝庙舞楼碑垩理之无人，事欲举而竟寝者阁数岁焉。迨万历十六年，乡人庞君继祖、霍君守教谋于前，督工者段君纶、霍君守仓、白往君等曾议。玉皇庙，后兹久事弗举，终当遂已乎且也。神，吾依焉，盍其苗之。乃相与诣其地，顾瞻咨嗟，锐意兴作。各幽赀若干两，复劝乡人之乐施者，其数悉如题名记焉。'乃属梓入浜材、陶人埏埴暨攻金坎石，设色者皆辐辏。四君弹力经营，昕夕在工所，不直若己事然。且财用入有籍，出有记，一钱寸帛皆可覆，以是诸檀越成公之，虽旱渗频仍，而输财出粟者无难色。有□期而工已就绪矣。中为正殿三楹，塑以玉皇之像。两翼为钟鼓楼各一楹。东西为廊房各三楹。西廊后经堂四楹。殿之南更三官殿。之北堂为入庙之门焉。栋宇翚举，庙貌俨然，数年之缺而未备者一旦称美观矣。庞君等属予纪其事。予常考之圣王之制，祭祀也，法施于民则祀之，以死勤事则祀之，以劳定国则祀之，能御太□则祀之，能捍大患则祀之。夫神有一节之功尚载之祀典不废，矧玉皇之神，德沛六合，泽及万物，由人类而至于昆虫草木之微，凡含生负气之伦无不依之以立命，则今尊崇而奉祀之奚疑也？自是而雨踼时，若民物阜安，荷神之休永无既矣。或者曰，庙境乾地也，势宜口而□是缺□文处修之，足以雄时一方，术家之言倘亦有见夫？祀玉皇而神锡之福，增乾位而地效其灵。是役也，宁不大有俾于一镇也哉？此□□等作庙之意，因饼及之，俾后世知兹役攸始。

郡庠廪员王鹏升撰，郡庠生段自新篆，郡庠生段蜀锦书。大明万历二十年季夏月吉旦，住持道人李信讲门徒守已。玉工逯海连自修。

20. 重修成汤圣帝庙

大阳西镇即古之阳阿县也。旧有成汤圣帝庙，祠前新建一圣殿，两廊庑房、舞楼无不悉备。前赘有石，复何言哉？因岁久倾危，先辈奉祀水官者亦接葺焉。兹于万历二十七年岁左已亥，水官王鹏荐等壹拾柒家例主神祠，观其庙貌巍我，华彩绚目，缘院内破坏不堪，土圮滑汙皆不忍观，悄悄忧之。各发虔心，捐输己财，鸠工□墁，垣基焕然一新。将勒石用垂不朽，琪奈绵力何！聊书卧碑数字，以纪岁月云。社首水官姓名开列于后：王鹏荐、段疏、马图、付忠、段承休、张科、段鲶、段纶、霍有恒、张太库、成允、段弁、申敷礼、李如竹、刘显民、王永盛、段俊民。万历二十七年七月十有九日吉旦立。后学选民段广业书。玉工逯友庆刊。

21. 东庑楼白衣观音像记

戊中秋，两庑楼成。信士李君菁暨张君凤翔、王君国泰辈复议于东楼之上，塑白衣观音圣像。议既定，无何而工兴。又无何而事竣。肇自本年十二月中旬之吉，成于己酉季春之望。金碧辉煌，侍从俱备，徵予言以垂永永。先是春初未上元之二月，予梦坐资圣寺东楼下，忽有人报云，大王尊神请，遂出立阶上。见吏卒满院，肩舆已挨北廊，乃乘之而出。至山门，左顾不见天王像，止具横朔胚胎而已，俄然惊觉。比黎明，同僧果德谒神毕，果德邀登东楼，则俨然梦中所见胚胎也。吁！可异哉。退而即语菁辈曰，盍树屏以障之，俾神之便往乎？予闻，虔诵白衣经与虔祷者其应如响，又闻，湖州翟楫中岁乏嗣，绘像祷之，梦白衣妇盘送一儿欲抱取之，一牛横隔其中，竟不可得，已而生男不育。或告子曰，子嗜牛肉，岂为是欤？楫竦然，誓举家不食。复梦前妇送儿，育而且贵。挽之，牛犬不可食，面有情之物皆不可戕，其生也敢饼之。因□有韵之言于后曰：吾乡三五□婆塞，给孤遇之失颜色。骤观祇树远南郊，中有青莲生火宅。两庑危楼切上天，白衣塑像栖东壁。龙王吐水□净瓶，河神听讲依法席。四野檀那破吝悭，十方禅衲驻飞锡。建摩探本告梁君，究竟难抵波罗蜜。虽然唤作有漏因，德是机缘好消息。倘言功德果殊无，白衣现暴呱呱立。议藉白苏记始终，白苏往往戒绮语。拙我其如般若何，启知全仗慈悲力。自怜非偈又非謌，无我无人亦无石。

万历三十七年五日初一日，有友头佗阎一元撰。社首……施毒艮……玉工逯有庆刊。

22. 南社村重修观音堂记

濩泽之乾，维四十里有村口南社，居民约二百家，缘北三四里焉，阳阿巨镇，分东西南北，而此在其南故得名焉。村北层台之上，旧有观音堂一座，背阳面阴，左池右井，创建莫知，口自疑胜国有之，重修于弘治十八年，迄今万历己酉，盖百年有奇矣。风雨相剥，庙貌圣像倾圮之，不称厥观。里人韩君永昌，慨然以兴复为己任，鸠工庀材，伐石陶甓，又增益文殊，普贤二尊，均□□□□□不息，凡六月而工告成矣。金碧辉煌，丹□映日，俨然一胜盖云。徵予言以垂永，予谓菩萨者，菩提萨口之省文耳，总谓之"觉有情"。其奥义秘旨，虽闻入善知，识不能俱述。缪庠俗士如蠛蠓在瓮，姑记岁

月。而撰文如此,若书篆则韩弘祚,韩弘化,皆永昌子诸生也。乃为韵语系于后日:南社之北,旧建琳官。观音大士,翘然其中。由元逮今,多历年岁。莫焉之先,后何以继。维兹杰构,宽敞洞明。四檐翠飞,势凌紫云。神慈是庇,圣凡□足。山门一望,万象森目。风摧雨剥,旧观莫还。爰有义民,植仆补别。焕然建新,煌丽逾昔。邦人来游,无不啧啧。圣凡一致,其患弗修。人而昏冥,深愧髡流。刻我斯文,置之堂右。百千万年,以示厥后。

诸生真复闫一元撰,玉工牛之野刊。万历癸丑季夏中旬吉旦立。

23. 明故处士古泉张公暨配孺人王氏合葬墓志铭

□□族兄也,万历庚戌七月二十一日卒于正寝,今愈三岁矣。而未葬以不得吉□故耳。癸丑春,其承重孙安皇然以衰绖来谒饮泣而言曰:"吾祖见背,时下孝孙以榇童求地,近始得焉。兹将襄大事,行且迫期,敢以不朽请。"予含悗而言之曰:公讳尔富,字居润,古泉其别号也。曾大父鸾妣赵氏,大父文妣都氏,父谟妣刘氏寰生公。公生而丰神秀朗,聪颖不凡,幼从塾业铅椠,以家贫不克终。髫年奔走买贩,糊其□于四方,勤俭力本,人以伟器目之。乡中有王老者,为女觅快婿,遂归于公。太孺人喜朴恶靡,孺人即脱少簪珥,充十一资,仓难之。孺人曰:"财贵流转不息,倘以为器,则用滞矣。"公善心计,能侦伺物价直低昂先后而消息之。孺人恒操母而公流转其子,酬故家稍稍给值。先大人赠尚书,翁连掇巍科,扬历南北 家政多命公佐理之。公缘是日渐饶裕。然而寒一裘,暑一葛,寸缕粒栗罔漏也。乃次第构堂辟舍,益拓畋畯,所出不虞。伏脯公念不及,其先岁时馈飨,俯谒流涕,孺人洁粢盛而荐之,未尝不相对泫然。公虽操辛文子之术乎?顾其少尝读书,危冠褒衣,步武尺寸,不挂是非而特重然诺,解纷息争,得公一言如神明,有古王彦方之风。又笃内行,至性孝友于两尊人生,事亲祭成准诸礼。闾党缓急,有所假贷,至再折券无倦色,公殁而里思可知也。□即计□析秋毫,至治桥梁,修庙宇,则乐施财力罔少吝,岂不亦毅然伟丈夫哉?居尝训其子辈,以暴殄天物为戒。易鲜衣怒马,鞭目慑之。公中形体弱,少不快多服利膈清凉之剂,元气日减而奄然长逝矣。呜呼痛哉!生于嘉靖二十六年二月初三日,计至卒之日,享年六十有四。王孺人生于嘉靖二十年四月十六日,卒于万历三十一年三月二十五日,享年六十。子一即革,英敏有为,足任充宗,先公六年卒,惜哉!娶秦正处士楚之女。孙男一,即安,娶牛氏处士化龙之女。孙女一,聘朱洪基,高平县掾斯盛之子。择三月十五日合葬南坡之新茔,从吉兆也。复为之铭曰:懿哉张公,布衣之杰。动□端方,操持伟硕。积寸累丝,家声孔赫。内助雍雍,嗣孙烈烈。南坡之原,山云溪月。永髀牛眠,崇封马鬣。百代知公,在此珉刻。

赐进士第、徵仕郎、中书科中、书舍人、从弟石松张光房撰。奉政大夫、湖广郧阳府同知、眷生存素孟师文书。登仕郎、户部检校、从弟聚垣张光奎篆。万历四十一年、岁次癸丑、季春十有五日吉旦。

玉人李守库凿。

24. 明故大中大夫山东右参政赠光禄寺卿张公墓志铭

赐进士出身、通议大夫、刑部左侍郎、前湖广道监察、御史太常寺卿、友人张慎言顿首撰。赐进士出身、中奉陕西布政司右布政使、眷弟张光谱顿首拜篆。赐进士第、整饬登莱巡察海防道兼督饷务、山东布政司右参政、议前户科右给事中、眷弟吕荣钟顿首拜书。

盖余诸生时,窃慕大司农张毅公之为人也。公在东台时,伉直严峻,识力丰采,付其整饬后,付御史大夫摄其事。往者,诸御史言:"事不关白台长,台长率画诺。"时有前御史公前议事,语次谓"是,正本议"。公厉色曰:"言官但当论国是尔,岂承要人风旨耶?"时中外惮之,言后谬。侧台班士大夫犹有言其事者。公长君光禄少卿公光房，雍容委蛇。次公子光斗隽发，能悉毅敏公立朝事，及当时邪正诸状，□□可听。叔子则今赠光禄寺卿，聚辰公，光奎也，沉毅机警有干略，风气似其父，耻不得志于有司。后不得已亦以大臣子初授户部简较，循级积资，又迁出为辰州守。安丘跳梁，黔楚骚动，酉阳居其间，诸苗观望，反侧转输徵□，严微两集。公从容未尝烦，声色持重而宽严布之，事以办治，以敝郡值多故差，用所未足，略见一斑。时敬夫公复一为制台，习公治状，亟借公备兵新镇，疏才达，而当事者仍以故例迁总二东盐事。课急法窳，蜣杀积坏，任者公私狼顾，赋无逋额，则商灶称重，因宽文法以便宜从事，薮奸穴弊，课亏而长代受其咎，公枡垢，涤画教导，具而有法，廉政警敏，足以行之。当事者谓："如公有成效非久任不可。"交疏以闻，遂晋叁藩，仍理薛政如故。时房主蓟门，具薄城下，特命□括所在，逋赋，公既无积行，又输所节省银四千有奇，大司农毕公目严条其事，奉旨纪其绩。无何，忌者谓而不附已，喙私人中心考功法。公论，不值其说，姑薄塞其□，公夷然不屑也。出守而郡以治理，策而公私奝然。使当日以经步家武所在，奏绩课最，亦岂岂能出今日上？今廉辨精核，声实表著□迫烈考，岂必以子大夫显！乃奇崛磊落，不屑为馀已之人，即里□未肯碌碌随众人后。辛未夏，首贼王嘉胤自河曲逸之而郡，公即率闾里致忾，幸无事，毅然条画，拟以百雉城英里，邻。间左为主伯，强以群策群力，计日而举矣。壬申七月十二日，贼仓卒以数万压郡而西，公即督率义勇御其侮。相持五日许，贼不得逞，走。越有二日，再倍其众围阳阿者凡几匝，弦绝矢尽，竟以身殉父老。其子茂贞、茂恂后殉公，俱死矣。当知公有备，遁而走获泽。越七日，乃悉其众以来，使来间，挚辎重妻孥奔郡城，岂烦再计。恻然不肯死，维桑去，盖阳阿父老弟兄数万人率倚公生活，公不忍绝裙致有今日痛哉。思公待毅敏公时，习其鲠介，未尝获用其奇，虽以资格治郡理财露什一二，仍悃悃以不克为毅敏公子者，卒以死。或者曰："可以死，可以无死，伤勇。"公可以无死者也。今死矣，无乃伤痛乎？曰："不然。"曰："见义不为无勇也。"或者曰："志士仁人，杀身以成仁，今死矣，于仁何居焉？"曰："当贼再到而去，公可以逃者也。恻然不肯弃数万子弟，是非以怯死，以仁死也。以仁而死，以成仁者，有间乎？但惜不得公计，而城阳阿屹然为保障，至今父老遗恨耳。"直指李公嵩特以闻，得旨曰："张光奎一门捍贼死，义可风后人。"其议所司，于是大司马拟赠光禄寺卿，荫一子入监读书；大宗伯拟赠光禄寺卿，荫一子入监读书；大宗伯拟祭壹坛，遣藩臣行其事，大司空拟沦水衡金钱若干，使营兆城。其子茂贞、茂恂拟赠顺天府教授。制曰："张可吁，自古皆有死，公以一死，至圣天子动色，得异数，里中数万。人饮泣天已，是可称奇男子矣。"公五世祖顺，顺生扩，扩生稳，稳生四维，以毅敏公贵，封祖父如其官。毅敏公讳养蒙，以丁丑进士选常，历官户部侍郎，赠户部尚书。妻赵氏累赠夫人。生子四，公，叔子也。公生于万历癸酉二月初二日，卒于崇祯壬申七月二十三日己时，享年六十。元配己丑进士兵陕西按察使付使常公存仁三女，累赠淑人。继李氏，封淑人。侧室王氏，殉难。又侧室杨氏。子男七：长茂贞，贡士，殉难，赠天府儒学教授，娶丙戌进士吏部员外赠光禄寺少卿冯公养志女。次茂恂，贡生，殉难，赠顺天府儒学教授，继伯父光斗嗣。娶己丑进士户部郎中牛公笼女，继杨自得女。三茂和，郡廪生，承荫官生，娶生员裴述伊女，继宋冠女。四茂素，郡增生，娶怀远知县刘时达女，俱常氏出'。五茂琨。六茂滨，聘丁未进士兵部左侍郎程公正已女，王氏出。七茂璋，聘沐阴知县程接孟女，李氏出。女三。孙男二。

今将以十二月九日，谕葬祖茔香山之麓，其孤言，不肖铭其。玉工张自修镌。

25.重修玄帝庙碑记

按黄帝之子昌意，娶蜀山之女，生高阳氏，居弱水之乡，陶七河之津，是焉玄帝也。后御百神，召致雷电，乘结元之车，周旋八外，诸有洞台之山，阴官之丘，皆移安息之石，封而填之，铸羽山之铜写

□阳于献于神峰，大约与黄帝铸鼎首山事同。袁先生博学，该石纪其事不妄。若夫净乐国王之说，但无足存者，盖自君山峰之癯冲举者多，惟帝王绝少，而黄帝祖孙皆鼎成，乘云归于帝乡，以别有家学脉络。今黄帝之迹柏望而□，玄帝官阙遍天下，无论名山胜境，通都大道，虽穷乡僻壤，或有琼宇琳官，碧瓦朱甍。古来灵人上真，狂多密讳，谱修搜光，隐迹至证道，度世不为人知。帝之玄德，能使儿童、走徒、牧竖、樵夫无不敬而礼之，厌先恐后，此亦潜伏孔□之谓与。阳阿己辰之间，旧有玄帝庙，门庑小阁，占地一隙。阁内金像端然垂拱，非若俗之披甲杖剑，甚不雅驯者。此左塑神将持戟，右塑神女捧剑，其下则四帅环列。阁外西壁小龛为灵官，门外路西为真君小像。像前旧有梔杆，杆首悬七星旗，高出庙宇。庙东翅有道人居，时奉香灯诵宝诰，所居甚湫隘，仅能容膝。重修于嘉靖四十三年，少参孟公碑记存焉。年来物故俗浇，奉神者寡，道人于无何有之乡，旃檀圣像几为风雨漂摇矣。善士郭大卿等素契玄门，恻然慨伤，广募人员，建议修葺。圣像则佛尘沙而金碧之，祠宇则易旧腐而丹，善士颜粲然暨侄俊士颜玉藻，又以庙之废也，废于无道人，道人之废也，废于缺powder粮，乃使庄田一区为梵修之费。由是辉煌不改畴昔，礼拜有以归依。嗟呼！干戈云挠，力役烦兴，而能舍彼资举此盛事，以示良田美宅，士奉此血肉之躯者宁不霄壤哉。诸君夏欲撤屋去土而院宇层楼。居士笑曰："汝愿甚弘，恐不可与众生谋也，虽三千三百亦功行之一端也。御九宸将监观而临□，但其仙楼作□城，今湫隘每道，居亦得逶。日月之先瑞，自诸君今日发愿始。"诸施舍钱告书于碑阴。崇祯十六年三月初三吉旦。

26. 玄帝珏山进香会重施什物记

香会之记前已有说，兹复更端者何？迩来人情大创之后悔悟，萌生□乐输，渐增渐盛。于是会中仪杖殿繁，华美迥过平时。首事者不惜以空名报实惠，故又欲标题而表章之。余思赋税之纳，民分也。善催科者严峻日驱而犹苦不足，兹何以不烦鞭策。话言之募岂应误志若此，非敬心使之乎？夫人心不知敬，未可与言善。然知敬而不知敬中之务，即言善，终属靡文。吾试与会中诸君子商敬中之务何如，当务之急，莫先民义。民义者何生？民日用所当为者是。务之者何生？□精力所专图者是。在粗者为四民之业，在精者为三纲五常，语以是而诸君子未必能悉解会也。不有"在家敬父母，胜如远烧香"之方言为尔曹所习闻者乎？夫使人能各专四民之业，各敬家之父母，则立人之根本早培，节目可必其无舛，即三纲五常俱属了义，舍此而徒言进香恐未可也。所谓未能事人焉能事鬼也。能此而后言进香，可不言进香亦可。即言进香，而无事多仪亦无不可。所谓"敬鬼神而远之"也。传云：苟有明信，虽涧溪沼址之，毛苹蘩蕰□之，呆筐莒铸釜之。器可荐于王公，可羞于明神，奚必区区计较于仪文度数之多寡哉！不然夸多同靡施者倦矣。日新月盛，作者仃厌，方足厘识者之深思，能必徼明神之居歆也耶？故误其务并误其敬，即趋乐输亦相率而蹈靡文已。吾固因标题而聊作詹言，以醒久寐诸君子，业勤之贞珉。不朽之芳自在，鄙吝者借口废敬恶乎可。
顺治九年、岁次壬辰、仲春之吉立黄冠道士七十三翁里人秋水王国士撰。郡庠生王作极篆，邑庠生王良美书。会首段遇治、段益善、车自成、陈宁、宋希文、赵自兴、宋希武、靳和、张合慈、崔继德、王章、霍弘道，段克勤、王光福、王美荣、王弘图、庞荣茂、王所理仝立石。

27. 西大阳针翁庙创建碑记

公中业此者，旧有三、二家，而止今。则列肆矣，屈指不能尽。至工一艺而资以养生，比屋而是……辛巳之际，杀人枕籍，而吾乡存活者为多，此业赖耳。迄以兵火之余，南路经商悉废，其北向者，推此货为首务，日打其缺，价且大踊，成获数倍息，甚有发越于不訾者。
顺治十年春季、前奉直大夫、今列编氓黄冠道士、七十四翁里人、秋水王国士撰。

28. 金汤寨白衣阁香火田记

本砦之有白衣阁，乃余先祖刺史公避寇而筑，为比丘尼栖身所也。其住持尼僧来自瓜州，人皆呼为瓜州师傅而不称其名，重□操也。初削发于本镇圣仙庵，为余祖姑替僧，因流寇之乱，移居本寨，与圣仙庵遂歧为两门，是此阁自本尼创之。其阁中一切法器、田地皆本尼募化也。但阁限于地，无多房舍，其徒与孙渐多不能容身，于是复居圣仙庵者若而，人居西镇白衣阁者若而。人□将本阁之地圣仙庵分去若干，本镇河下白衣阁分去若干。不惟无益于本阁，而且据为己有，竟为卖焉者。独不恩人之乐于施舍原为养此焚修之人也。人去地随，则将来不贻一空阁乎，后来者将何所瞻养也。且其始原为所居不能容身。师亲情不容已，分地犹可。后因弟兄不和，遂利其所有而欲别处自在，竟舍师之口口而分口之地土，情理安在？爰聚众商议，将既往不咎。嗣后若在本阁住持者，许种本之地。如不愿在本阁者，不得分本阁之地，分本阁之粮。倘有不守清规，不遵约束，口生事端者，公议同众逐出，另请守法之民住持，耕此田地。今将本阁田地同众勒石，开列亩数于后，永为记云。
记开：栌公墓平地叁亩柒分伍厘，桑沟坡地贰亩，郭大残坡地柒亩陆分，池儿背坡地壹亩，沟西坡地伍亩陆分，西圪嘴坡地贰亩，小西坡坡地伍亩。吏部候选州同知王俨撰记，邑庠生岳宗泰书。
同众吏部候选州同知段瑞□、王滑、李菜、庠生王任、邰越，乡有赵国柱、王吉士、姚晓雷、段祥龙、赵日德、段会锦，康熙辛巳年季春吉日立。住持尼僧元福、徒明祉、孙真瑛。玉工窖昌镌。

29. 重修虫王殿并大殿山墙记

岁己未，天道亢旱，米价腾涌，民相聚为盗，肘腋之下尽为蟊贼。是年余甲与北里九甲遍膺里事，目击人心汹汹，将有大祸，爰聚族而谋，量力捐赀，几及百金。招集合乡耆艾于本庙，投醪歃血，陈说利害，复拔丁壮百余人，治器具、葺墙垣、设栅堡，彻夜巡缉，每朔旦备犒赏，逐名点验，一示简阅，一寓羁縻。及秋，禾稼颇稔，人心稍定。犹恐严冬窃发，仍前防御于岁终始解散焉。其所酿银两，除逐月开销，公验过总计五十余金，剩四十余金，将殿山久圮与虫王殿塌毁十年未举者佥议修补，工竣之日，一时尚义姓氏不容泯灭，勒此片石，以见此举不惟免潢池之溺，且成不朽之工云。
笔山樵叟王良美撰，乙卯科武举人王世美书，康熙十九年庚申孟冬吉日立。捐银……督工段嘉庆、俟备职。玉工张镌。

30. 买米应籴碑

吾乡地狭人众，籴米而食者什之八。往经屡欠而□□皆丰，米虽贵不饱于市，缘是狃于常而莫为之备也。岁庚子，四方饥馑，而我秋仅半熟。布麦之后，三冬不雪。□明年二月始一雨，尚非播种之时，自是又不雨。米价腾涌，每石至五六两。乡人耄耋多历丰凶，曾未之经也。既而远□过，余市中无粒米，众口嗷嗷，四境不宁，裂而寇惊者不一处。我里饥人口若，有睢盱待变之意，为乡地者患之，爰会绅士于社庙，商补救之策。诸君子与余共筹之曰：人之不安，饥为之也，饥而至于不安，市之绝粜为之也。是非设法买米以应籴不可。于是绅士与乡之有力者随意出赀，共得五十七两有奇。本地外境购买籴石，瞬于公所，春米粜卖，米精而价减，盖专为贫人设也。然恐豪强多籴而小户不均，

首事者分任经理，亲注籴者姓氏居处，每一人止以半升至一二升为率，必使一乡小户无不炊之家而后安。行未匝月，人心帖然。迨五月终，天雨滂沱，百谷俱播，市米日多，而应籴之举可止。仍会前之出本者，于兹庙喜雨酬神，即将五十七两有奇之元本各归本主，而一乡庆无恙焉。佥谋勒石，一以纪天灾，一以纪补救，且□警吾乡不知储蓄之弊，小戒来兹也。若夫思患预防，先天而图备荒之策，其惟朱子之补仓乎！苟有行者，余亦愿集末议云。

郡庠增广生金伟撰文，郡庠生成玉书丹。借本姓氏……经理绅衿……西里地方……北里地方……斗行……

康熙二十年、岁次辛丑、季夏吉旦立。玉工马立川刊。

31.清故玉寰李公暨配孺人庞氏、魏氏合茔墓志铭

公讳如珠，号玉寰，明初祖刚入本州大阳北里一甲，世居阳阿。数传至九思，生孺官、时学、时学生先□、□□贡，官直隶大成县教谕，课士有规，孝为上。男口生子四人，三承□号，守野公之父也。自先世以来，富甲一乡，至守野而中衰。公生而聪颖，幼守野公厌世，公茕茕孤立，且以家业雕残，弃儒就商。贸易淮、察、中州间，不得志。中年归里为贾，权子母计生息，拮据苶瘁，不数年而饶裕。大约立心长厚，与人谦中，于是里之人成重之。元配庞世少亡，继魏孺入诚静勤俭，不事□□、□之成家也，孺人内助之力居多焉。公生于顺治□□□□癸巳，卒于清康熙八年己酉，享年七十□□□□□万历三十八年庚戌，卒于清康熙□□□□□□岁。子二，长发□，娶李三才女□□□□□□，□□茂，娶□□女，继娶糜生李一□□□□□□□□□□，锡发茂出。孙女□□□□□，子二，一为王火厚子，敬聘一为都广，封子重□□□□□字发茂，□一为三策子祺，聘都幼□字发□出康熙十一年秋二嗣君□扶公与二孺人之枢而合葬于杨家凹之新阡焉。余于公为至戚，知之稔，乃志其家世岁月而铭之曰：峦坳流曲，坏土掩玉．启利后人何有极！玉工李□□镌。郡庠学生眷晚生都庆□□□拜撰。□圣后裔眷晚生□伯启□□拜书。

32.重墁南河庵观音阁卧碑记

阳阿之巨观也！明壬申中，于孝廉宋公字木若，讳英者，率众重修，峻峨插天，辉煌灿目，巍巍乎一镇之巨观也。越四十余载，烈风暴雨，瓦缝参差，迅雷严霜，朱栏凋谢。昔之峻峨插天者，今乃日渐塌圮；昔之辉煌灿目者，今且日就剥落也。不亦重呵慨叹也哉！善人李公，字怀峰，讳兴盛，辄有空梁燕泥之感。每过而长叹曰："若公能率众重修于兵火之余，我辈独不能动众重墁于瓦缝参差，朱栏凋谢之际耶？"适有登山会会首象轩刘公慨然有重墁意，跽李公而致恳曰："是阁也，瓦缝参差，朱栏凋谢，不久将剥蚀圣像矣。公善人也，能不动心乎？愿输会银以为重墁资。"志未遂而捐馆矣。嬴孙绍美有丈夫风，能继乃祖志，复跽李公而恳重墁焉，输会银四十二两以为重墁资。除绍美买琉璃瓦、寸板、木植，使过银一十二两有奇，恳李公修墁焉。惜值九梁星临庙四载，未利。李公复将会银二十九两有奇，苦心营运，甫四载，得利银三十六两有奇，本利共银七十八两有奇。李公输银五两以佐不逮，择日开工，托弟次谦、惠益并全五、司福偕董其事焉。工始于康熙二十四年八月二十五日，告竣于本年十月十五日，不数月而工成矣。工成勒石，问记于余且告余曰："工成矣，灯火无资，何以为莲灯璀灿？计将余银一十两，同白次谦、刘云以付绍美营运而得利息，为年年灯火资点相续之意云。"余援笔记之曰："创始难，重修何难？重修于兵火之余，则难也；重修难，补修则又何难？补修于人心涣散，丰歉相半之际，则又难之难也。"今不数月而工成矣，昔之瓦缝参差者，今依

然琉璃灿目也；昔之朱栏凋谢者，今依然辉煌贯日也。巍巍乎一镇之巨观也哉！越数十年后，瓦缝参差，朱栏凋谢，不能无望于继怀峰李公而起者，是为记。

行巅七十六龄野樵田说长公甫撰并书大清康熙二十五年岁次丙寅。

33. 重修元天上帝庙记

泽治北四十里许，有村曰宋庄，盖缘宋氏世居于此而得名焉。其地多崇山峻岭，俗呼为宋家山者。是村西北有庙曰真武，已旧矣，创始莫记，大约神设教前人所以劝善之意居多。庙自明季兵燹后，风荡雨霾，颓败颠陨，上穿旁圮。迩时，井里萧条，欲补葺之，神依于人，庙貌维新，是我之责。夫爰是募化庀材，凡桩桷陶埴之需，罔不立办，阅数月而工告竣焉。至于精妆神像，有志夫。逮又六年，则继前志。而金妆之者，其昆季之龙、犹之、若玠、若靖也。意何其后先相辉映哉，全因有感焉。古者有劝德于民，则祀之。自元天上帝之尊盛于武当，乃是亦仿其意而为之。果何说乎？盖君子之于天也，于地也，相迁也。倘恍之际，泊然、漠然于清虚寂寞间，而感应自不能无者。虽礼典不载，窥神道设教劝人为善之意未之或远。今为之云栋藻梁以照其名，洁为翠鸟，飞章以壮其声，灵为之图，绘其耳目体肤，以神其交。现向南面尊，魏乎宫阙之上，所谓神依于人，不信然焉。宋氏兄弟叔侄向善者是。古之人曰"国将兴神必灵。"吾亦为之说曰"家将兴神必灵。"将神之所以福人者安在，不影之随形、响之随声乎？自今真武兴，宋山永存。赖后之视今，犹今之视昔。乡庙前人创之，今日继之，继今日而我勒记者所望。

康熙二十八年岁九月。

34. 观音阁香灯会记

南河庵居一河之名胜，高阁插云，朱栏映水，其上崇奉观音大士。据传闻屡有奇应，乡人敬而信之，固其宜也。余友李温讳琏者，累世乐善好施，致君敬承不怠响睹大士前，每朔望，士女瞻礼甚众，香烟蟠虬，烛影舞风，叹为胜事。既而虑朔望供奉之余，凡兹邦族未必一至再至三至，日夕可常继也，于是携厥侄善徵半出己赀，半厚交，集金三十，每年生息，以为大士阁日夕添香燃灯之费。今既数年矣，神前金炉得衮，玉盏灯荧，皆诸人之力也。嘻！君子作事贵谋始，尤贵虑终。今将众士之名氏永垂，捐施之数目足稽，则是勒石以示久远，其不容已也夫，因为记。

太学生：韩宗龙、马登云、哥荣昌、邰鼎新、成名高、张茂蔚、李鲸、马贞、苏踪道、关勋、姚毓秀、申廷柱、杨名、段起风、焦歧娥、李振英、袁渊、王大成、邰鼎盛、牛士显、张发枝、苏踪路、武宽、程珞、常士英、王景、张全、庞克明、张克俭、刘穗、朱广、赵万信，以上各捐银五钱。诰封儒林郎选州同知李琏、吏部候补学政李善徵、法库学生李善远，以上捐银二两。

郡庠学生刘肇甲撰，郡庠学生张壮桓书，康熙三十七年六月十九日勒石。

35. 大阳镇碑子岭增铺茶棚记

斯岭旧无茶棚，有之自康熙壬之岁始，善士王老人必所创也，特两楹耳。而行者憩，渴者饮，至今几二十年，皆称老人之善也。而此地为阳陵、法氏之孔道，往来者众，时有议其窄小者。而老人之嗣缵之王君辛苦如其父，欲廓大之告弟，太学福九首以五金而倾之，集众善士而经营之，联旧棚而南别建三楹，若□、若石、若梁、若栋，靡不坚补，其中则刊石几、罗石，靡不整齐而高爽宽敞，俨然亭榭

也。其告成则斯丹耳。非缵之素日之诚意,足以感动平人而不日成之哉。斯举也,福九之首鸠也,缵之继志也,众善士景从也,皆可志也。嗣是以望其有耕夫、牧童、暴富、贫儿当思作善之心,苦以毁也,是为记。

康熙二十七年岁次辰七月吉旦,郡庠学生都广邑撰,太学生都广祚书。

36.吴王庙绘画佛殿佛龛记

或有问于予曰:"世有神乎?"曰:"有。"曰:"神何在?"曰:"在人心。"曰:"曷言乎尔?"曰:"人心一劲勃不能过,若或使之,故云尔也。"吾乡吴王庙前有隙地一块,僧海顺特建佛殿三楹,祠宇告成而垒丹。无□久,乡者袁友明等感神之灵,慨焉募众,不日之间梁栋生辉,佛龛飞彩,非神有以使之,曷能尔也?工既峻,恐久湮灭,用勒石以志芳名。予闻而是之,为之序曰:呜呼!神其具迹,感而能通,今既乐施,则百祥之降,跂足可竢,且使来许之子若孙指而相告曰,是吾祖若父之所为也。盖永传不朽云。

康熙乙亥,□正里成裕溢撰并书。

37.禁穿凿碑文

香炉山系大阳东西两镇发脉之源,最为要地,不宜伤损。乾隆元年,因穿凿窑口,五月初四日,呈报本县仁明罗老父师大老爷案下,蒙批勿得穿凿,有伤风脉,立右永禁。
乾隆元年桂月,大阳五里绅衿,乡地耆民公立。

38.补修茶棚岭神庙兼禁剧矿碑记

阳阿之北岭山势袤延,冈峦层叠,镇边依岭为屏,盖一乡之保障也。具岭建舍五楹,左祀土榖之神,右为施茶之所,事神便民,制甚善矣。奈历年既久,日就倾圮,兼之此地有剧矿之害,无知群小,横加凿削,不惟有伤于山脉,抑且有碍于神祠。爰于今岁仲秋捐金增修,缺者补之,倾者植之,庄严神像,丹垩栋壁,不数日而金碧交辉,焕然改观矣。功既峻,将谋勒石,以垂久远,因众相议曰:不杜其害,则今日之成功仍作襄日之废坠。自兹以往,宜永禁剧矿,不特同岭之人不得复蹈前辙,即事外之妄作者亦必鸣官究治。庶几,神灵安乎山脉完固,往来行旅得以息肩,受庇者实在多人,岂止一乡一镇之利也哉。兹将捐金姓氏开列于左…一合岭公议永禁不许剧矿。东至东岭,西至西岭,南至坡脚,北至大河水心。

大清乾隆肆拾壹年岁次丙申十月吉日合岭士民公立。玉工李成镌。

39.重修资圣寺并增建东西耳房厨室记

余闻□□□□□□□于丈六梵官,整肃现宝刹于□□。贝门辉煌,法海之金城永峙,玉阶琅耀,珠林之香树常森。非惟壮一镇之观,且永固千年之古刹也。虽过去未来现在具神通列我佛三千,而西方东土众说因果祇人天一理。但尘世大众类多凡庸,妙谛西来,茫然莫识。故大□□□时或变于沧桑,而无量佛田到底存于海内。可知人心有佛,不碍真修,然而俗眼无珠,必浜见像。爰借人力,用仗佛云。成功固在一时,英名实垂万祀。吾乡两镇古号阳阿。有寺一区,昔称永建。溯所自始,原创修于北齐，考厥由来，宋易名为资圣。碑记鏊：析般若之渊源，灯明明照莘迷之普。抚今追昔，物是人非，世远年深，墙圮殿漏。以致莲座空设，难伸礼忏之仪文，檐楹将倾，莫展对越之敬念。连年□不无修苫，寸木实难支颓垣。住持祖德全徒清岩，夙夜焦思，时刻筹昼，特延檀越广为募缘。幸赖善男信女，米粟树砖靡不随心以施舍。人长者青蚨□镪罔弗解□□□输，积少成多，鸠庀角□，经营罔□，次第□修东西两角耳房。未有者增而建之，俾令□飞而鸟革大□。钟鼓客舍，已坍者葺以补焉。务使□固而完全。虽□□□□光辉莫□而庙貌。退迩仰瞻，将见一镇之大观。借兹以不废千年。资圣寺赖此而永存矣！工始于乾隆四十一年冬初暮，告竣于乾隆四十一年冬初。维首督工璜珉。并列捐金姓氏碑左详书。是为记。
大清乾隆四十四年岁次己亥周上浣口旦，国子监监生邑人耐口张雄观撰文。大清乾隆四十七年岁次壬寅蒲月中浣之吉，辛口科举人、吏部拣选知县、郡人口圃关琪书丹。钦赐世袭骑都尉、直隶蒲河营都司、前古北城守营都司、加一级纪录三次、邑人口爻张无咎篆额。总理维首督工绅士孟侗、王延亮、关广猷、张雄观、尚□、门崃、段曾礼、张瑗、金守忠、张殷口、张炜、金文蔚、裴文集、□彤、张大典、裴咏、万铭、关学溥、常好礼、武瑛、魏之福、徐钧、魏之孔、阎彪、魏□、裴思明、郭□、都口岐、刘建基、任秉忠、金得坤、段曾□、韩君用、冯圡、关承谟、段风、阎槐、住持僧祖、徒清岩、徒孙静霞、静和、徒曾孙真珠、真玺、真环仝立石。
玉工□□□。

40.施槐记

吾乡多古槐，土之所宜木也。近者斩伐殆尽。其存者东有阁外一株，南有庙坡堂儿坡二株，北有吴神庙一株，中有成家巷口一株，西则玄帝庙前一株耳。之数槐者或公或私，皆足以表邮落而庇居民弗可少也。惟兹槐不附于庙，在道之北，轮转数主终归霍氏。今霍氏迁居怀街之间，槐无主矣。余因劝之使入于庙，以庙为主，与俱不朽，亦所以存土之宜而保部民之荫尔，是为记。
登仕郎王廷玉撰文，郡庠生段思书丹，家长武生霍相。施主：生员霍峰熠、峰垣、峰大使维坊仝立石。大清乾隆五十年八月吉旦。玉工崔通。

41.备籴应籴记

救荒之难难于无策，宰社之难难于行军。以无奇之策统无纪之军，岂不难而又难哉。粤本社墙碑，康熙辛丑遇旱，前辈借籴应籴，事毕归赵，为法甚善焉。时斗米直钱六百，面价如常，民情恐惧，不可胜言。赖天昼晴夜雨，卒致丰年，父老传闻，以为异事。乾隆壬戌小旱，前辈再行应籴，原本用修香山，无碑可稽，惜哉！越乙巳大旱，斗米至钱八百，勤麺及银六分。蒙府示县谕，绅者依前设籴。奈人心不古，或富而不仁，竟弗允借，或富而不义，允借弗与；或富而不齿，弗屑与借。自四月庚子起，议至六月戊寅始行，仅得本若干，而四邻遏籴，采买维艰。幸五月壬申雨足而种，入六月壬寅大雨而苗苏，迨八月戊寅而籴停矣。远籴近贩，贵入贱出，持筹握筭，日夕不遑金子，祥麟一出，附城被陵川衙督截米，几致成辞。再往，又兴雨，遇河水暴涨，几乎殒命。以故□累多端，本之归者纔十七八，外人不知，犹多后言，盖宰社若斯之难也。嗟乎！荒政无奇，自古难之。前辈碑末谆谆以社仓为念，今则社仓于有余石而分借各里，本镇止百六十石耳。大仓平籴，往返百里，乡之又升斗莫沾。我皇上念切，民依普行赈济，乡人与者仅老鳏老寡五十余名，尚多以贫民自愧。则以事经创见，人尽有耻也。区区接济何足记，然不容不记者，记其难尔。

郡庠附学生员慎之段思撰文，邑庠廪膳生员西崴金口书丹。总事……佥事……借本……地方……乾隆五十年岁次乙巳八月甲申日立。玉工崔通。

42.皇清太学生例赠文林郎维新关公暨继配王太孺人合葬墓志铭

赐进士出身、奉直大夫、翰林院编修、充国史馆纂修加四级、年愚侄裴谦顿首拜撰文。赐进士出身、奉直大夫、礼部仪制司主事、前翰林院检讨加四级、年愚侄郭在逵顿首拜篆盖。赐进士出身、翰林院检讨加二级、年愚侄何思钧顿首书丹。

公讳卫周，字维新，姓关氏。先世自解州迁泽州之阳阿里。高祖讳天钦，明光禄寺署正。曾祖讳和举，明经。祖讳克诜，秩州司马，充乡钦正宾。考讳勘，字健庵，诸生援例入太学。世有隐德，至公而特以孝友、笃行闻于乡。余与公子琪同举辛卯乡试，稔知公。因得举公生平行谊之大者以纪实而铭其藏，庶几无诔辞焉。按状公天性端悫，寡言笑，年甫及冠，太翁健庵公捐馆舍，公遵遗命，以弟又新先生卫盘，继从父合一。公后遂澹于仕进，为母宋太安人谋洁白之养，甘旨所奉先意，承志及居丧哀毁尽礼。凡□□之物，必诚必信而又推孝亲之心。与其弟倍极友爱，缠绵恳挚，终其身无间言。同邑光禄寺少卿王君谬重公之行，颜其堂曰"友恭"。一时宗族间党莫不龂称之以为美谈。公治家崇节俭，尤邃于《九章》、《五曹》、《算学》，量入为出。家计稍饶裕，独不惜重费立家塾，延名师，以经义训诸弟。故公之犹子琪及公长子先后登贤矣。而族戚中赖公之力以长以教得至成立者又不知凡几。后以长芦滥荛被诖误产中落，公沉思密运，事无巨细皆能豫为经理，不忧困乏。且于弟意所欲为者，必委曲遂之，开诚布公，务尽欢愉之致。晚年昆季相倚，几不忍瞬臾离。殆所谓动于天而不自知者邪！其至性过人类若此。呜呼！兄弟懿亲始未尝不相笃爱也，自家人之离起于妇人。平日各尽居于内，不时相聚首，由是谗言一入，彼此责望无已，遂动成嫌隙，甚至痛痒隔膜不啻途人之相亲，吾不知彼独何心而竟甘出于此。常棣诸所，以有不如友生之欢也。闻公之风，其亦可愧然返矣。公初娶宋太孺人，处士永礼公女，顺治丙戌科进士英公曾孙女，先卒。继娶王太孺人，处士特接公女，乙卯科武举人世美公曾孙女。太孺人幼娴女仪，于归后婉婉顺从，无疾言遽色，惟仰体公意，蔼然以静，慎宜其家，中馈而外他事概不与闻。后忽患咳血症，辗转床蓐。时公亦病于获嘉邸舍。家人秘不以告。及知之，犹强趋默祈于神，愿以身代公。既卒，惟谆嘱诸子，勉事叔父，勿替汝父忘。是太孺人宅勉同心，始终克遂公友爱之谊，寔由柔嘉之德所致，而亦益徵公之言物行恒，足以刑之者。为有素也。公生康熙四十二年十一月二十一日酉时，卒乾隆三十六年十一月初一日辰时，享年六十有九。太学生例赠文林郎。王太孺人生康熙五十五年正月二十九日未时，卒乾隆三十八年三月十七日卯时，享年五十有八。子二，长即珈，中式辛卯科举人，丁未大挑二等侯，选儒学教谕，娶颜氏太学生伯津公女。次珏，娶霍氏，吏部考授州同知树公女。女四，适太学生张公谦益子武生思琢，宋太孺人出；次适高平县庠生陈公瑆子增生铎远；次适太学生阎公敦懿。子候推卫守备保；次适行唐县典史。裴公文集子太学生溥，俱王太孺人出。孙男一，大年以公侄琪第四子嗣于琪者也。今筑吉窀于东庄之原，距祖茔咫尺。卜于乾隆五十三年三月十一日酉时合葬。铭曰：公不以才遇于世兮，而以行笃于伦。惟兄弟之既翕兮，斯乐意之日新。贤媛佐其懿德兮，令嗣述其清芬。此铭足以风化兮，岂惟贻公之后昆。

不孝男 泣血瘗石

43.社庙平粜救荒记事文

从来荒歉之岁非止一端，而救荒之道亦非一策。如吾乡今夏之亢旱，其饥荒之景况，诚为父老所未经闻见者。盖因昨冬无雪，今春无雨，二麦皆为青干，是人所望于以接济糊□者已成画饼矣！可幸者，甘霖降于夏初，举趾力田，播厥百毂，而良苗遂有浸浸日长之势焉。讵意五六月间天道亢旱，郊野如焚，田禾渐有日枯之象，乡里大有仓皇之势。故于五月念三日设坛，□社庙祷雨析山，雨泽未能沾渥。米价骧腾，几至斗粟千钱。集市无粮，人心惶惶，其景象更有难以寓目者。于是吾乡绅耆爰集社庙，公同商议，思所以安辑之，欲为平价，劝勉捐输。幸仁人君子乐于从善，出本买米者有之，急公办事者有之。减价平粜，以济一乡之困敝焉。计□社庙粜米自六月初十日起至八月初一日止，捐金二百余金，购买应粜。是时市价每升大钱九十七文，庙中每升定价大钱廿十文。事终核算，亏折本银百十余金。当斯时也，困苦之民束手无策，若非社庙有此义举，其不至流离而迁徙者几希嗣□。六月中旬降雨之后，又复旱至八月。早秋晚田以及瓜菜，秀多不实，旱干而焦枯者十之四五，收成淡泊，何饥馑一至于此！噫！天灾流行，今古不永禁桑柿柴碑记乏救荒之策，随时而异。吾乡值此奇荒，□天时之所为耶，抑人事之所致耶。惟愿凡我同乡，崇本就俭，各安生理，化其乖戾之气，养其淡定之天。上格穹苍，以祈来岁之盈宁，是所深望也夫。

乾隆五十七年孟冬毂旦，合社公刊石。

44.永禁桑柿柴碑记

古者蚕桑与稼穑并重，果实偕麻麦同珍。其在月令，季春有桑柘之禁，仲夏有含桃之荐，典至巨也。故当其时，不令而乐滋，培蔽野而无剪伐。猗与休哉，后世不勤本务，樵桑薪以为常，褐梨枣而不惜，卤莽灭裂，渐开盗窃之门，尽夜窥伺，觑便砍伐有间，在窰皂炉场之间者被害尤甚。虽有勤动之民旋植旋失，辛亦始勤而终怠。茫茫大野，其能更仆而守之乎？迄今墙阴垣畔之隙，仅堪负喧；平滩涧谷之区，尽成荒落。良足慨矣，岂治世足国忧民之意哉？我朝列圣继起，首重农桑，教劝频仍，而民卒莫之务者，盖废驰久也。亦大法不及察而防守之力单也。顷者，又纶音颁矣。誊黄偏于乡曲，各乡仰体圣训，咸思所以自守。吾乡虽甚荒僻，思亦含生赋性，宁甘自弃化外。谨协乡中二三父老，公同善议，于社之四隅刊立牌口，各勤树艺，凡桑柘果木一切有主之物，一株不得擅动。惟樗散不材杖口无用者任其樵采勿禁。敢有仍前肆伐则是暗欺愚懦，显违教旨，许失主知会到社，合同送官，以凭究治，暑如禁大秋之例议窆。佥曰，守望相助古之遗也，吾侪其共勉旃。爰勒石，以志勿坏。
合社公议永禁赌博。如敢故违，鸣官究处，决不食言。
  候选之目里人寄居阳阿李联、聊芳撰文，邑庠生住阳阿镇石东林书丹。玉工李贵刊。住持僧窆妙。

皆大清嘉庆拾肆年岁次己巳拾月上浣之古，合社仝立石。

45.金汤寨重修南经阁碑记

西镇金汤寨乃居民保障，康熙□巳，旧有田地四十四亩，为寨庙养赡主持及修补之资。前碑详载，兹不重□□，称为己物者。嘉庆十九年，□寨王清□起，总想妄言寨是伊□所修，许伊折卖地得之租，亦许伊吃合寨控口口慈当堂断明，公所不许伊折公产，不应己□□□。南经阁渐就倾圮，神难栖止，合寨公议重修。劲土之际伊□□，又经□陶仁慈明断，亦如前县慈之断也。□王清口两次情状，皆因贫老无养，然养老□贫亦□事也。于是□□□租，每年口给伊叁石陆斗，终其身而已焉。又将租谷粜卖，更募化众善，重修南经阁，共费贰伯余金。工峻□议立□□修之由，且识在官，为官不可不私

□，是以为记。
吏部候选县右堂锦官都培墉书丹并题，国子监监生萃巷李本凝总理（额外施拾贰仟）。捐金众善姓列右……总理工程……龙飞道光元年岁次辛巳巧周七夕立石。

46.禁行炉碑文

吾山之麓为香炉山，香炉山者大阳发脉之源也。大阳邮南有两河，其大河之源即发于山之西北隅。漾□曲折如带。之□环抱两邮，万家居民利赖无穷。道光乙酉岁，忽有距邮百余步，紧依合水龙口创开烧铁炉厂，既有损于风脉，复有碍于河道，合镇绅耆偕虑其贻害我邮也，禀官饬禁。蒙仁明荣大老爷金批，此河既系香炉山来脉，不许行炉，有伤风脉。兹恐后世复有靠山临河行炉坏脉者，爰勒斯石，永为禁耳。

道光五年十一月十五日，大阳西社绅衿耆庶仝立石。

47.新建逢己亥年督催钱粮石

溯自张氏东祖以前，业分为六门。东祖者本支之始祖也。大阳东里六甲钱粮六门轮流督催，逢己亥之年则轮至东祖一门，承办源流有自其来久矣。窃思东祖有子五人，乏嗣者三。其次子荣祖有嗣，而数经播迁莫识所向。唯四子辅祖之后二支强立，即哲甫祖、笃甫祖是也。然哲甫祖仅四传而支庶亦乏。每遇督催钱粮之年即系笃甫祖之后七门代理。盖笃甫祖之嗣昌大繁盛，一支而派为毛门。长曰式蓬公，次曰清佩公，四曰蕴奇公，五曰蔚文公，六曰朴存公，八曰蓝圃公，九曰浦珍公。兄弟济济，自东祖以降，嗣续之繁莫此为甚。非祖宗功德曷克臻此哉。以故，己亥之年督催钱粮七门则伙为承办，从未有他诿而不愿者。第恐事历久远，后人莫识其由，境分饶薄，办者苦乐不均，今七门公议，己亥循环则六年一周。有笃甫祖北岭茔侧祭田七亩作为蓄积，系东宅里二甲粮正银五钱壹分。七门亦以一门六年轮流收租，交完国课余租所存以备己亥督催之费。议定自甲午年起，以长门式蓬公为轮流之始。此久远之策，一可以免彼我推诿之弊，再不至有饶薄不齐之说也。缘勒石家庙，并载记支流次序，以俟后之能光宠吾族者为考实之一助云。
七门次序：式蓬公、清佩公、蕴奇公、蔚文公、朴存公、蓝圃公、浦珍公。五世孙鸿鸣、淮鸣、大鸣、方鸣，六世孙湘源、淞源、巨源仝勒石。道光十一年岁次辛卯正月朔旦。

48.阳阿西镇创修鞠圣帝君阁记

阁之建其创乎其因也，因则曷为以创名。前乎此者无阁也，自无而有故谓之创。既创矣曷言乎因？安庆寨之阁废而此阁由之而建，事虽创而创之口实有所因焉尔。先是村之北有安庆寨，不知防于何年。相传胜，国之季，流贼蠭起，乡先达为避兵计而筑寨，上筑而阁建，阁之中塑有帝君圣像。迨国家定鼎以来，海宇安戢，间阍无鸡鸣犬吠之惊。太平既久，防卫稍踪，墙垣雉堞颇有缺晷。道光乙酉，守寨者缘碑无稽，自为寨主，私行拆毁。寨既毁，又欲毁阁。村人畏其强横，隐忍莫肯言。有握珍段公者独倡义举，起而阻之曰："寨即一家之寨，神则合村共尊之神。尔毁寨可也，尔毁阁，神将焉庇？"于是邀同乡众鸣之于官，而阁赖以不毁。顾阁倚乎寨上，毁阁失所依，亦遂日即于圮。因择于村之乾方，地既爽垲，雅与阁宜。商及村众，人有同心，遂捐银若干，建阁三楹，因迎废阁之像而奉祀焉。然则以吾村之阁而论，则自无而有，不得不以创名。以建阁之缘而论，则以安庆寨之阁废而始建于此，故虽创而实因。而且出赀财者无吝色，供工役者无难辞。则又因乎人心之安而阁于是乎或，而神于是乎安。后之人倘念有举莫废之义，时葺而新之，无或如安庆寨之阁，有初鲜终，则神有所凭依，将垂于无穷，而吾村之讫庇于神者亦永受多福于未艾，是则建阁者之意也。夫是役也，开工于道光十一年八月初一日，即于是年十一月初一日落成。事既竣，首事者请余记之。余嘉首事者之因事赴义，而又嘉村众之乐劾善事也，爰为之记。至于梓材丹漆之费，辇石筑土之工，另有清册，不敢并及惧亵也。

例授文林郎、己卯科举人、吏部拣选知县、长平司百川敬撰，泽州府儒学廪膳生、凤岗段希翱敬书。

总理：段握珍、张锡留、张御琴、张克旺。督工：袁太璞、段万章、黄季通、霍声远、王诚亭、段淮珍、金建业、秦如川、王式庵、李正魁、牛聿修、段作乎、金裕长、申敏齐、武凤鸣、金澄庵、靳永泰、张以介、王万侯。匠工：常祯，玉工：李永德，住持：绪子，同徒元孙、隆祯。大清道光十一年十一月上浣榖旦。

49.永禁掘挖矸矿起土碑记

且夫神以洁净而始安，人以地灵而后杰。不可污也，不可损也。然吾窃见村中滋一时之利者而掘矿起土，徒一己之便者而积灰堆粪。斯诚有慢于神明而损于地气者也。余也目擊时弊，于心不安，遂纠合社而议之，佥曰："此诚大弊，不可不除。自今以后，凡庙堂前后不许堆积灰粪。沿村百步以里，即自己之地，不茸掘挖矸矿。"余曰："倘有负固不服者奈何？"佥曰："此大公至正之事，谁敢不服。若有恃强借势负固不服者，公同遂官以凭究治。"余曰："善！"遂不辞荒陋，略书于石，以示永久云耳。

道光拾壹年肆月榖旦，合社仝立。玉工王得法。

50.补修大王正殿并东西两耳楼碑记

尝闻扬善载于周易，彰善口自尚书，则善之不可没也，伊□已然矣。先昂御琴志笃□□神，性喜施布。始冠后即服贾雍邱两镇，诸君子亦多经商于南。行李往来，波涛不惊，赖神恩之优渥，终渼渶之未报。甲午春，先景偕耿光李君毓秀，李君在杞商确，谋所以补葺斯庙。于是各出囊赀，复向两镇诸君之贸易于南者益为募化，由是得金八十余缗。奈功蒇赀微，末克襄事，先景意欲积而广之。至冬初，先景施逝，□□三年，积息数辂，青蚨飞还，白选云归，若不乘兹修葺，恐是赀必为之耗散。是赀散别先第之意未遂，而众善且为之湮没。余遂谨理其事，命工庀材，不数月鸠工告竣。余不揣简陋，凑搏俚言，□叙其由，訾亦曷足为记哉？聊以完景志而不没众善云尔。

邑庠生张鸿文沐手敬撰并书，大清道光十八年岁次戊戌季夏之月榖日勒石。捐金姓氏以多寡列后……住持僧真瑄，徒知余，木工常贞，玉工李永成镌。

51.为重整家庙垂裕后裔吾张氏建立

宗庙乃春秋榆祀蒸尝之所，崇吾先人之德耳。夫后世历历相承，兢业为心，以忠孝传家，恪遵奉守勿替。遗宅分内外两院，而内院设立学校，启佑后生。外院则饬人僦居，洒扫庭除，甫经七世，无少欠阙。且当魁士公在世，补添左右神龛两台，神机叄对，供桌两张及金匾对联等俨然至今，讵忍其伤损毁坏也钦。去岁不意族人长源突然携眷寓居，不安本分，屡将庙中墙柜两口，地火四口、楼梯

两架、东北角门壹合并桌椅等物尽行夜拆售卖,且将其曾祖与其祖之神主外套竟敢出售,其毁伤若此,桌郁根本。而我族尚念同情,不肯深追。尔竟不识进退,复于腊月十二日夜尽率众入庙,先拆西北角房,将楼板、领条、门扇等物盗去。被长门清源闻听,随带家人入庙验看。观见凶恶,逾其莼退步趋,即刻传唤捕役,从者邻右许多拥入庙内,拿得一人。先识神位,将敬亭公、晓如公两尊神主币见。察阅形迹,将至拆毁,庙堂妄作,诚可畏惧,不禁而感动伤心。窃思玉然从堂兄弟固属非礼,但所行理法难堪,能无获罪于天乎?乃坐以待旦,协同阖族贡源等布知乡地。本拟禀官究治,赖亲友调处,立同地方将长source 夫妇缴给其父,登时逐离庙堂,永不再生事端,大鸣一面承管。唯各处残缺,触目伤情,庶非安妥先灵之道。不得已鸠工补葺。捐货列书于后。阖族公议,嗣后谨遵祖制,内院仍立学房,凡本族中一概不准寓居。告厥成功,勒石垂戒。
长门式蘧公后裔……四门蕴奇公后裔……六门朴存公后裔……道光参拾年岁次忘成,合族勒石

52.南园凹建神庙记

古所谓行一事而三善皆得者,至今而益信也。吾镇南园凹一堡,每逢诸神圣诞,农民恭捧香火,祝祭土坛,佥曰:"何时得有栖神之所耶,人心始悦也。"今则作庙翼翼,以享以祀,以妥以侑,其一善也。斯地居岭之巅,当路之冲,大雨时行,南北近河,耕于野出于涂者无趋避之方,今则筑室于兹,遇甚雨有藏身之地,值甚劳有休息之所,其二善也。去岁冬,阮慈谕令附村左右设公所,把守隘口,吾西五堡界内各有神堂可借以防御,惟此堡则未有也,今则建此一区,高瞻远瞩,百里之遥如在目前,出入可以相友,守望可以相助,其三善也。古所谓行一事而三善皆得者诚哉是言也。故其乐事劝功,量力输财,经之营之,不日而观成焉。以是为记。
郡库生□□□撰并书,捐金姓氏……督工李万成……仝立石,住持僧续荣。大清咸丰十一年五月吉旦,玉工樊永吉刊。

53.买戏房碑记

且昔眉山喜雨之记曰:"古者有喜则以名物示不忘也。"周公得禾以名其书,汉武得鼎以名其年,叔孙胜敌以名其子,其喜之大小不齐,其示不忘一也。兹之勒石亦此意焉。后之览者亦将有感于斯文。买到孟家巷戏房壹处,开列于关帝庙重新彩画碑左:北平房三间,东北耳房二间,东平房三间,西楼房上下六间,下西楼上下四间,南平房三间,东南平房两间,街楼房上下四间,厕坑壹个,共永价银壹百捌拾两整。

三行公立光绪七年十月吉旦。

54.关帝庙重新彩画碑记

阳阿古县也,昔传汉家故县。又曰潢泽名区。户分五里,人聚万家。而毓秀钟灵,望之巍巍乎中立而不倚者,关帝庙也。关帝庙即中天院也。东联天柱,西映笔峰,普济南渡,天枢北来,是以商贾云集,士农乐业,而有松生岳降之奇,所以人杰地灵而地灵人杰也哉。入其庙,登其堂,碑石煤然。前人之创建,后人之重修,屡屡补葺古碣存焉,自道光庚戌重修彩画分列三行。三行者何?盐当行东西两行是也。圣诞之期,肃雍显相,齐明盛服以承祭祀者济济盈庭。猗欤休哉!诚一镇之盛事矣,迄今三十余载。奈风雨漂灭,庙貌残缺,而鼍鼓兴工,捋捋陕渡,虋虋筑登登者又见于光绪

年已。所需鸠工庀材、费金多寡有辛巳之碑石了稽焉。然补葺告竣而未经彩画，殊觉有始而鲜终。兹于光绪丁亥粉饰装修于斯。庙之墨者仍黑之，赤者仍朱之，黑黝者而丹㿈之，轮奂足以妥灵，足以生敬，楼台殿阁乌革翚飞而焕然一新，又费金四百仟有奇。虽三行自出己囊、各输其财，而其乐善有为，仗义疏财或可吕励后世之有者，而亦乐善于后世也。岂不懿与爱勒于石，不没人善，以垂不朽云而。
邑庠生里人观化许达三撰文，郡庠生里人云卿郭仰山书丹，邑庠生里人竹亭郭鸣凤篆额。

55.重修美帝庙碑文

同治六年秋八月，寺内古有关帝殿三楹，因年深日久，栋梁摧折，上盖塌陷，神像亦几损坏。是岁大饥，五谷增价，斗米千三百元。镇人议修之未敢轻举也。七年春，逆匪沿邻省滋乱，大兵在城关安营。吾镇三月廿八日有天齐大会，通议采折戏价、故事等项。乃修本寺关帝殿三楹，地藏王殿三楹，古佛殿三楹，罗汉殿三楹，厨房一座。后院又补修西禅室一间。妆饰关帝殿神像三尊，正殿石佛一尊。工完计费钱六十八千有口。奈工程浩大，资费不足，督工六家按分摊取以成其事。爰刻石以为记。
郡廪生陈锡周撰，邑庠生裴鸿达书。东岳庙天齐会执年维首十二家公捐戏价钱拾八千文，高谋会执年维首二十家公捐戏价钱三十一千文，墟当行四家公捐故事钱拾贰千文，西集斗行金福余捐钱壹千文，劝捐督工六家公捐钱六千四百文，督工绅士：武生郭培元、从九裴甫田、廪生陈锡周、从九裴宗彝、庠生裴鸿达、武生张福昌立石。大清同治八年八月吉日，寺僧湛玉、玉工樊永吉刊。

56.补修茶棚岭神庙碑记

斯庙之重修补葺盖廑矣。然其创修于前而补修于后者，其时虽殊，其理一也。迄今代远年湮，日烈风凛，遂致几脊倾圮，椽檩损坏。有怀古之意者未尝不感慨保之矣。兹有二三同志，触目心惊，有志未逮，无如何也。因而勉力募化，捐金若干，于斯庙之缺者补之，倾者葺之，殿宇圣像油饰而彩画之。则庙貌辉煌，焕然一新，不惟有以壮观瞻，抑且可以妥神灵于万古也。爰勒石，以垂不朽云尔。
邑庠生许达三撰并书，捐金姓氏列于后……大清同治十贰年岁次癸酉菊月上浣之日。

57.补葺汤帝庙西厢碑记

吾镇汤帝庙西厢房□有年□风雨损□□之口口每岁□□四甲在内□公难以容膝□同人情恶□□□至今不能口口己亥夏势将倾圮。有执年三里应公事□□三□李君，协同东里口赵魁、南里庞来口口然自起□□□□□诸绅士佑中裴君楠圃、邰君可亭、朱君□□、王君同力周旋，公议补葺，无不乐从。于是庀材鸠工，补旧增新，不数月两工程告竣矣。又有本镇集斗二支，历年交纳口官豆二名，合甲被累，习以为常。又三阳李君欲去其累，恨无可乘之会。适值有催查差役焦法，在庙□□之暇，三阳君与伊备细访问，始知惬帖在西镇斗行金口名下。即同在甲诸公较证明白着落。金培基名下交纳官豆一名。东镇止交王舒名下官豆一名，立有文约，勒石存证。两次花费按二十四均摊。似此三阳君急公好义，吾辈何忍湮没其善。志之不忘，以是为序。
乡饮耆员阎画书丹，邑庠生裴振新撰稿。督工总理颜敬一、张绥安、王介堂计开两次花费每甲出钱叁仟文整。

东里：九甲裴振新，六甲张绥安，四甲王保真、魏锡九，一甲赵天林，上二甲郜杞，下二甲王馥，上五甲岳禄成，下五甲王永福，七甲颜敬一，十甲刘□照。
中里：六甲刘廷福，四甲王合堂，上二甲赵义顺，下二甲阎时雨，上一甲陈宽，下一甲武进惠，三甲李三阳，五甲孟善，上八甲张书昌，下八甲关龙章。
南里：八甲杜进稽、庞贵，六甲庞来□，上五甲庞□，下五甲赵福运，二甲韩思远，三甲庞喜，四甲颜懋祥，七甲朱可亭、靳德顺，九甲张茂盛
玉工师张忠。□□□岁次庚子六月念九日仝立石。合村公立禁松山群羊泊池碑。

58.合村公立禁松山群羊泊池碑记

吾村东南旧有山神庙一所，松林苍翠，四面环绕，号松山焉。奈前辈创始无碑可考，每因伐砍树株滋生讼端，致社与花户搅扰不清，后竟以争讼之故散社二十余年。岁届乙卯冬间，合村父老偶谈及此，居然人心合一，情愿重振社规，将松山永远施归大社，与各花户无涉，山之周围栽立界石，凡在界限以内，无论树之大小，嗣后只准合社公用，各花户不得私行伐砍，以及放火烧山、开山揭荒、牧放六畜、一切有碍松山等情所。有西岭泊池，原系一村吃水之地，无论村中群羊零羊，一律扫清以作禁地，不许令牛羊等到池饮水，亦不许方圆三十步以内开山掘矿。以上禁山禁羊禁池三事，均属合社共同议定，毫无移易。禁后倘有违犯，加等议罚。伏愿我村各自遵守，则保公益于无穷矣，是为记。
村毕业生张毓文撰并书。施主姓名列后：晁怀路，施到松山一槐；晁翼鹤，施到松山一槐；晁贻恩，施到松山一槐；晁□鸿，施到松山一槐；晁以俭，施到松山一槐；晁翼鹏，施到松山一槐。"中华民国"四年拾月吉日合社公立。玉工陈锦章刊。

59.补修彩绘大阳东镇关帝庙碑记

尝闻神所凭依将在乎德，人之对越端本于诚，然德与诚原属虚位，其所籍以表见之者，固视夫祀事，于明尤在夫庙貌带新也。阳阿镇创建关帝庙多历年，所关镇商民咸□衣食于斯，生命财产无不受之庇阴，蒙神之呵护焉。惟是代远年湮，丹艧既多剥蚀，榱栋又虞崩圮，既不足以妥神灵，又曷□以肃祀典也。
癸亥夏，会首诸君目触心感，谋所以更新之，询谋佥同。于是估工鸠金，伤化百材，不数日而工遂兴矣，计自工□之始迄今全工落成，越时一年余，费钱壹仟玖佰余串，欣见全庙焕然而神泰。都君礼堂、何君怡安、王君之硕，画尤足多焉。爰将工□始末约畧述之，以期垂之永久云。
清郡庠生、□候补区行政长祝三常棣华撰文，清武庠生、直隶千总、署委东大阳街长孚言武永孝书丹，商务经理、署委东大阳街副眷山都长泰篆额。"中华民国"十四年。

60.补修北茶棚记

吾镇四郊旧有茶棚数所，迄今完整者则首推此处。其修葺各年月俱有碑石可考，兹不赘述。客岁，冯君良青、赵君始元、赵君元贵、崔君三保、张君士元，都君丰年暨舍弟含傲等被村人选举执行村政，勘查路工及此，目擎墙颓檐崩，欲兴补葺之念。返公所邀众会商，齐声赞同。乃即日鸠工庀材，遂即从事，不八旬焕然改观。计共费钱贰百拾五千文缗，悉出诸临近村社、商号之布施。余以服务在城，乡居日少，未与其役。现值归省，冯君等来告其维过，且谓倡议者行有微劳原分内事，惟捐资者赞助

热忱未便湮没，请写短文以记之。余思大自然兴中得此数椽建筑物，既为农夫、行人及热牧者憩息佳境，复为民商业余优进胜地，其重要性殆有过于都市公园中之亭阁台榭也。今由君等以极少代价于最短期内补修，蒇事休，前人遗迹得以弗替，其负责精神实有足多者。爰草此以为记耳。

赵延栋撰，李续成书。

东大阳商务会施钱五拾千文、东宅村公所施洋五元、西崛山村公所施洋肆元、东崛山村公所施洋叁元、中崛山村公所施洋叁元、崛山晋泰山施洋贰元、茂盛山施洋贰元、义泰岐施洋壹元、福泰岐施洋壹元、同兴山施洋壹元、东宅东升山施洋壹元、义泰山施洋壹元、东镇温爷施钱拾千文、□马畛秋上施钱拾四千文、东镇村公所施钱八千文。

发起人：镇长冯良青，副镇赵始元、赵□□、崔三保、李子美、张士元、赵元贵、张九邓、韩国辅、都丰年

监工人：赵长水、崔三保、都丰年、田尧盛、王瑞孩、崔脓孩、崔春根、崔圪转、宋群保、陈白狗。

中华民国二拾四年拾月榖旦。

61. 建立英勇流血创政赴难殉身荣誉后世碑记

吾镇嗣颢程同志系本镇端方人也。三岁伤父，孤苦伶仃。十七岁婚娶，亲母再醮。赖祖母李得以成人，溢十七岁．婚娶。读书养志，喜耕砚田。教授在于鸡沟，次及靳家庄，本镇针翁庙幼徒广多，诚寒孺也。时逢我国在卢沟桥事变，倭奴侵凌，兼之国政荒芜，加以各派秉政，悯可悲也。庚辰事变（即十二月事变），同志们在牺盟进行之际，为人民服务，并同程耀庭同志民族争光荣。在此千钧一发之下，尽瘁尽劳，领导政兴。在明暗各派参差时间，同一战线之秋，人民日不聊生之节，我镇陡坡猖狂之辈赵和壁等勾结土匪，搅政削民，破坏同一，贪污不良，蠹国危民，大起蜷酿，殃民害生，不怜哀苦，不讲天良之德，怀惴无公道之心志，再加奸恶同僚张士元等，谤毁国政解决减租减息合理负担实行民主之大政。更有李老合、宋广德两伪村商两长认敌似父，出卖祖国求荣之大汉奸阴谋亲日之徒，秘交无赖，死不瞬眶之盲郭小肉、张法旦、宋六三、庞东生等，胆敢野心悖理，目无法纪，叠出之韩国辅、张克明等九人，蠹蚀民众防灾救厄血汗活命之苍榖二百八十余石，有当年收数之账目无讹，一伙恶党私入己囊，肥身自富。恰逢壬午癸未岁□□□□□□甲申蝗灾，百里无草，忆此灾荒，民饿死于沟壑，壮者逃散于四方者，需妻卖女，自不忍视。哀声遍野，耳不堪闻。村人失所流离他乡男女千六百多□，僵尸流氓俄莩七百余具，真怕人也！寰痛心也！尔辈口持政权，膏粱厚味适口充肠，且不受用，日率□□□□□□□穷逼富，剥削食粮。腋不案斗，手不空钞，万民畏威，惊吊魂耳。似此恶霸，罔若不觉，贪婪娶妾，娱乐升平，洋洋得意，肆横暴敛，言出法随，于戏流血伤躯英勇创政之程嗣颢同志，年二十九岁，正月十一日夜被恶党多人拖至郊野，用刀刺死。程耀庭同志亦死如此。同日将其二尸丢于三槐岭废煤窑之内，残忍可叹！及至日寇投降，内战和平，该汉奸在群众翻身诉苦中恶迹难瞒，亲口指说真像，寰现不共戴天为仇。众目昭然，激怒苦主，复仇申冤，奸恶（张法旦、张□□）二人偿命，□□气踪，余犯拉灵殡埋亡魂，其外尚有若辈多人赴窜异乡。政府有案莫测，一面通缉，一面采觅潜赴追踪，察诫以究劣徒。大会昭彰，万口赞成，铭碑勒石永垂，炯照千秋百世，而显英荣流芳万代之志也！东大阳农民会公立。中华民国三十五年三月上浣日。

附录3：人物传记

1.《宋史·段思恭传》

  段思恭，曾祖约，定州司户，祖昶，神山令，父希尧，晋祖镇太原，辟为从事，与桑维翰同幕府。晋有天下，希尧累历清湿，思恭以门荫，奏署镇国军节度使。官天福中，希尧任梯州刺史兼权盐矾制置使，思恭解官侍养，奉章贡，改国子四门博士，赐绯。开运初为华商等州观察支使，刘继勋节制同州，辟为掌书记　继勋入朝，会契丹入汴，军士宣操，请立思恭为州帅，思恭谕以祸福，句拒而弗从，乃止　汉祖建国授左补阙。隐帝时，蝗诏篇祈山川，思恭上言赦过寡罪，议狱缓刑，苟狱讼平允，则灾害不生，望今诸州速决重刑无致淹滥，必召和气，从之历度吏驾部周显德中定滨州田赋，世宗嘉之，赐金紫　丁外艰服阕，拜左司员外郎　建隆二年，除开封今，迁令部郎中　乾德初，平蜀通判眉州时，亡命集众攻逼州城，刺史赵廷进惧不能敌，欲奔嘉州，思恭止之，因率屯兵与贼战彭山，军人皆观望无斗志。思恭募军士，先登者后赏，於是诸军勇，大败贼。思恭矫诏以上供钱帛分之，后度支请按其罪，太祖怜其果不干不许，令知州事。丁母忧起复，俄召为考功郎中，知泗州。会冯继业自灵州举宗来朝，帝以思恭代知州事，乃语之曰："冯继业言灵州非卫、霍名将镇抚之不可，汝其往哉？"思恭曰："臣奉诏而往，必能治之。"帝壮之，赐窄衣金带，钱二百万，仍以涂涉诸部，令别赍金制以遗。思恭下车矫继业之失，绥抚夷落，访求民病，悉条奏免之。俄而回鹘人贡，路出灵州，交易於市，思恭遣吏市硼吵，吏争直与之竞，思恭释吏，械其使，数日贳之使还□。其主复遣使，赍牒诣灵州问故，思恭理屈下报，自是数年回鹘不复朝贡。久之迁右谏议大夫知扬州、朝迁方经略江表，命思恭兼沿江巡抚，每出巡委州事於通判，以牌印、鼓角、金钲自随。驿书自京师来者，今赍至其所，事多稽滞。因与通判李岩相告讦，诏以属吏，思恭辞不直责。授太常少卿，改知秦州，坐擅借管库银造器，又以贡奉为名贼市，狱毛虎皮为马饰，为通判王廷范所发，降授少府少监，知邢州。太平兴国六年，迁少府监。雍熙元年，南郊毕表乞复旧官，再为右谏议大夫，二年知寿州端拱初迁给事中，寻知陕州。淳化三年卒，年七十三。思恭以门资历显官，不知书，无学术，然践更吏事，所至亦著勤绩。子惟一，至太常博士，三司度支判官。从子惟几，第进士，官至兵部员外郎。

2.《元史·段直传》

  段直，字正卿。至元十一年，河北、河东、山东盗贼充实，直聚其乡党族属，结垒自保。世祖名大将略地进城，直以其种归之幕府。承制署直路州元帅府右监军。气候论功行赏，分土世守，直非金符为泽州长官。泽民多避兵未还者，直命籍其田庐於亲戚邻人之户。且约曰：'俟业主至，当起而归'。逃民闻之，多来还者，命归其田庐如约，民得安业。素无产者则出粟赈之，为他郡所掠者，出则购之；以兵死而暴露者，收而瘗之。未几，泽为乐土。大修孔子庙，割田于庙。置书万卷，迎儒士李俊民为师，以招延四方来学者。不五六年，学子士子以通被选者百二十人有二人。在官二十年，多有惠政，朝庭特命提举本州学事，未拜而卒。

3.《明史·茹太素传》

茹太素，泽州人。洪武三年中乡举，上书称旨，授监察御史六年擢四川按察使，以平允称七年五月召为刑部侍郎，上言："自中书省内外百司，听御史、按察使检举。而御史台未有定考，宜令守院御史一体察核。磨勘司官吏数少，难以检核天下钱粮，请增若干员，各分为科。在外省卫，凡会议军民事，各不相合，致稽延。请用按察司一员纠正。"帝皆从之。明年，坐累降刑部主事。陈时务累万言，太祖令中书邓王敏诵而听之。中言："才能之士，数年来幸存者百无一二，今所任率迂儒俗吏。"言多忤触。帝怒，召太素面诘，杖于朝。次夕，复于官中令人诵之，得其可行者四事。慨然曰："为君难，为臣不易。朕所以求直言，欲其切于情事。文词太多，便至荧听。太素所陈，五百余言可尽耳。"因令中书定奏对式，俾陈得失者无繁文。摘太素疏中可行者下所司，帝自序其首，颁示中外。

十年，与同官曾秉正先后同出为参政，而太素往浙江。寻以侍亲赐还里。十六年召为刑部侍郎。居一月，迁都察院佥都御史。复降翰林院检讨。十八年九月擢户部尚书。

太素抗直不屈，屡濒于罪，帝时宥之。一日，宴便殿，赐之酒曰"金杯同汝饮，白刃不相饶。"太素叩首，即续韵对曰："丹诚图报国不避圣心焦。"帝为恻然。未几，谪御史，复坐排陷詹徽，与同官十二人俱镣足治事。后竟坐法死。

4.《泽州府志·孟春》

孟春，字时元，弘治丙辰进士。授刑曹，清镇有声。守严州，以清官第一称。擢冏寺，力拒阉瑾及守珰勒贿。巡抚宣镇，威惠并著。时于经、钱宁、江彬等阉势甚张，来索粮价数缗，坚持不与。大珰张永行边，过宣大，群僚匍伏，春长揖而已。群小衔之，卒为所中。落职。嘉靖初荐起，巡抚顺天。时大旱，奏辩许铭冤，并乞斩贪弁暨宸濠逆党，以答天谴。设豫备仓，经画部内，得粮二十万石。诏嘉予，晋吏部侍郎。上言大同反侧，惟无控制大臣，故及此，乞添宣大及陕西三边总制各一员，报可。佐铨望重，世庙赐"行不自欺"四字旌之。未几，十大狱起，复以直言忤时宰。遂与颜颐寿、马录同时削籍。疾革，嘱殓以青袍角带。赠工部尚书。子阳死谏，别传。

5.《泽州府志·孟阳》

孟阳，字子乾，礼部侍郎春之子，正德九年进士。为行人，劳军宣镇，抗宦者以礼。使韩府，却馈，惟受赠行诗。四载不调，或讽之见要人，阳曰："此谒一人，终身可湔洗乎？"会武宗自称镇国公，将南巡，举朝汹汹，舒芬等极谏。阳与同官曰："此举系社稷安危，一命之士，皆应忧国，岂必言官？乃当效死。"遂率同官余廷赞、李绍贤、詹轼、刘概、李惠等十九人，直斥权奸误国。上震怒，悉下锦衣卫狱，杖甚毒，阳仰天曰："今日得死所矣。"时创重毙者，陆震而下十人，其一阳也。世宗嗣位，赠使，荫一子。高陵吕文简梓楠铭墓，有云："爱身何薄？爱国何厚？于生无羞，于死无负。"春闻子死谏，哭之以诗，语极悲壮，人争传之。

6.《泽州府志·孟霖》

孟霖，州人，嘉靖己丑进士。任山西督粮道。明敏廉介，刚柔并济，督储有方。每师出饷充裕，兵民无扰，而台体肃然。放衙垂幕，优游文翰，萧然事外。著《诗纪集》。

孟兆祥，字肖形，州人。举进士，官评事，历吏曹，至刑部右侍郎，以劾魏忠贤削籍。怀宗嗣位，起太常少卿，晋刑侍。李自成犯都城，御命守正阳门。贼至，冒刃死门下。妻何氏，闻之立死。子章明，字伯昭，癸未进士。甫观政，难作，殓父骸讫，丞归，诀其妻王氏，曰："吾亦死。"章明俯首至地曰："谢夫人死！夫人盍先死？"尽麾僮奴出，留一婢侍。视王投缳，提笔作诗已，复淋漓书壁："有侮吾夫妇尸体者，必为厉鬼杀之！"王绝，举尸上扉上，加命服。又举一扉列王左，呼婢曰："吾死，置其上。"遂衣命服，缢而死。南渡赠恤，本朝褒忠，与范吴桥等同予祠给地，锡谥兆祥忠靖，章明贞孝。

《州志》曰："两孟公迁籍交河，原泽之大阳里人。州祀乡贤，俨然同列，而省志传人物未及之。其大节争光日月，固无待一隅记载，然先河后海，可忘所自哉！窃取修武、邓州、绍武、梁溪并载韩愈、李纲之例表出之，稍寓阐幽微，尚为是邦补缺失云。"

7.《明史·国士传》

王国士，字丹衷，号秋水，伟岩丰姿，须眉如戟，少多气节，饶但识，遇事毅然自为。家贫力学，中万历已酉乡试严魁，屡因公东以亲筮仕霸州时，魏鬐煽鬐，霸属繁有，徒劳无功，盗贼充斥，民无安枕，公甫下东，严缉盗，令未浃旬而路不拾遗，凡民之敝于时政者设法苏之？前此鬐羽横肆者无能复逞，以是中伤。不五月为贡生丘集凤哭诉于魏，嗾御史袁弹章诖误革职。霸之土民遮留号泣，欲赴部申控。公见一时贤人君子罗织倾丧殆无虚日，知天下事不可为，反以革职为幸，力止之。霸民不得已，设祠竖珉以志不忘。公归里未几，流氛蹂躏晋土，桑梓昼为邱墟。公筑堡捍卫，置家业于不问，悉力调度，推心固结，凡防御器具，城守方略过于都邑，保聚一乡历二十载。大乱奇荒，人咸以为安泊。

清朝定鼎，起废列，当事者荐剡数次，公意年老，绝意仕进。终之日，四壁萧然，衣衾不具，乡人为之罢市云。

8.《明史·裴宇传》

裴宇，字子大，嘉靖辛丑进士，官翰林至礼部尚书。先是，陪京振武营军谨，残杀重臣，骄纵不可治，宇摄本兵呼首谋者，谕以祸福，力折其邪心，分其众，使隶、神、策三大营俾不得合势，旬日而定。转工部尚书，清州田乾没之弊，豪右帖服。迴翔南寺郎二十余年，恬退自安。肃宗崇尚道术，大臣往往以青词希旨，宇视之泊如也。著有《内山集》，张毅敏养蒙师事之。

9.《明史·张养蒙传》

张养蒙，字太（或泰）享，万历五年进士，选庶吉士，历吏科左给事中。少负才名，明习天下事。居言职，慷慨好建白，以南北多水旱，条上治奸民、恤流民、爱富民三事，帝嘉纳之。锦衣都指挥罗秀营佥书，兵部尚书王遴格不行，失欢权要而去。秀竟夤缘得之。养蒙疏发其状，事具遴传。御史高维崧等言事被谪。养蒙偕同官论救，复特疏讼之。忤旨，夺奉，寻迁工科都给事中。

都御史潘季驯奏报河工，养蒙上言曰："二十年来，河几告患矣，当其决，随议塞，当其淤，随议浚，事竣辄论功。夫淤决则委之天灾，而不任其咎，浚塞则归之人事，而共蒙其赏。及报成未久，惧有后虞，急求献事，而继者复告患张家大院影壁矣。其故皆由不久任也。夫官不久任，其弊有三：后先异时也，人已异见也，功罪难执也，请仿边臣例，增秩久任，斯职守专而可责成功。"帝深然之。

有诏潞安进绸二千四百匹，未几复命增五千。养蒙率同官力争，且曰："从来传奉织造，具题者内臣，拟旨者阁臣，抄发者科臣，今径下部，非祖制"。不从，出为河南右参政，寻召为太仆少卿，四迁在副都御史。

二十四年报谏时政阙失，言迩来殿廷希御，上下不交，或疑外臣不可尽信，或疑外事未可尽从。君臣相猜，政事积废，致市猾得以揣意旨，左右得以播威权，惟利是闻，祸将胡底。谨以三轻二重之弊为陛下陈之。一部院之体渐轻，或虚其位而不补，或用其人而不任。如冬官一曹亚卿专署，已为异事，乃冢宰何官，数月虚位，法司仅刘壮延罪，竟尔留中，主事刘冠南疏入即发，何小臣听而大臣不听，单疏下而公疏不下哉！以至户曹三疏谏开矿，臣院九疏催行取，皆置不报。议大事则十疏而九不行，遇廷推则十人而九不用，夫大臣师表百僚奈何轻之至此！一科道之职渐轻，五科道给事中久虚不补，御史曹学程一系不释，考选台谏，屡请屡格，乃至服阕补任，亦皆废阁，是不欲言路之充也。夫政无缺失，何惮人言，徒使唯诺风成，謇谔竟绝，国是将何定乎？一抚按之任渐轻，如开矿一事，抚按有言，成蒙切责，于是郑一麟以千户而妄劾李盛春。夫闻人、武弁得以制巡抚之命，幻纲不倒置乎？一聱得志，诸聱效尤，抚按敛手，何有於监司？从此陛下之赤子将无人拊循矣。一进献之途渐重，下僚捐俸，儒士献资，名为助工，实怀觊幸，甚者百户王守仁以谋复世爵，妄接府而使陛下恩薄于懿亲。主簿张以述以求复旧秩，亡献白鹿而使陛下往捐於玩物，部臣纠之不听，言官纠之不听，业已明示好恶，大开受献之门，将见媚子宵人投袂竞起，今日献灵瑞，明日贡珍奇，究使败节文官，偾军武帅，凭借钱神，邀求故物不至，如嘉靖末年之浊乱不止也。一内差之势渐重，中使纷然四出，乞请之章无日不止，批答之旨无言不温，左右藉武弁以营差，武弁藉左右以网利，典櫵狂言，诓惑天听，陛下方压外臣沮挠，谓欲办家事必赖家奴，于是有言无不立听，岂武弁皆急君，而朝绅尽误国乎？今奸宄实繁有徒，采矿不已，必太采珠，皇店不止，渐及皇庄，继而营市舶，继而复镇守，内可以谋坐营，外可以谋监军，正德敝风，其鉴不远。凡此三轻二重，势每相因，德与财不并立，中与外不两胜，惟陛下早见而速图之。

又明年六月，两宫三殿继灾，养蒙复上疏曰：近日之灾，前古未有，自非君臣交儆，痛革敝风，恐虚文相谩，大祸必至，臣请陛下躬谒郊庙以谢严重谴，立御便殿以通物情，早建国本以系人心一停银矿，皇店之役，杜四海乱阶，减宦官官妾之刑，弭萧墙隐祸，然此皆应天实事，犹非应天实心也。罪己不如正己，格事不如格心。陛下平日成心有四：一曰好逸。朝享倦於躬临，章奏倦於省览。古帝王，乾健不息，似不如此；一曰好疑，疑及近侍，则左右莫必其生，疑及外庭，则僚采不安於位，究且谋以疑败，奸以疑容。古帝王至诚驭物，似不如此。一曰好胜，奋厉威严以震群工，喜诒谀而恶鲠直，厌封驳而乐顺从，古帝王予违汝弼，似不如此。一曰好货。以聚敛为奉公，以投献为尽节，古帝王四海为家，似不如此。愿陛下戒此四者，亟图更张。庶天意可回，国祚可保。帝亦不省。寻迁户部右侍郎。

时再用师朝鲜，命养蒙督饷，事宁，予一子官。三十年，尚书陈蕖称疾乞罢，诏养蒙署事，会养蒙亦有疾在告，固辞，给事中夏子阳劾其抚疾，遂罢归，卒于家。天启初，谥毅敏。

10.《明史·庞浩传》

庞浩，正德辛巳进士，刑科给事中，历河南按察使，以清介率属，按部所至，一毫不以累民，

督饷庄粮按期以济军需，德政立於碑　谪霸州知州，轸恤闾阎，救荒有善政，卒，祀霸州名宦。

11.《明史·张光奎传》

张光奎，字聚辰，养蒙之子，以任之五迁，守辰州能其官，仕至山东右参政。初擢山东远使，称廉敏，加参政，仍领蓞事，后忌者中考功法罢归。崇祯五年，流曲再犯泽州，党数千人压大阳镇，光奎方里居，与兄守备光玺、千总刘志安等，率义子门徒，出家财倡义拒敌。相持五日颇有斩获，已而贼益众，环营四面周围八日，援兵不至，城陷，光奎身被重创并死之，其子茂贞、茂恂从死难。事闻，赠光禄寺卿，光玺等赠恤有差，官两子，顺天教授。季子茂和阴子工部员外。

12.《清史·张大经传》

张大经，字建常，乾隆辛未：泄士第一人及第，一等侍卫，授武昌府参将，调济南参将，擢文登副将。圣驾南巡，办理德州烟火厂，临清河巡哨及管理道途马棚，胥著勤劳，恩赐貂缎。有差晋陕西兴汉镇总兵，会剿金川奉旨驰赴军前，守牛厂木儿寨诸要处，进兵攻明郭宗，推一等功。旋提重兵守达咱夹山梁，闻木果木军营兵溃，率众往援，遇贼奋冲杀，自夜至日哺，士卒尽惫，风沙四起，贼众乘胜据高阜列枪炮，随所向还击，身被重创，叹曰：我大臣不可为贼人污，遂投崇德站之海而死。事闻，命入昭忠祠，遣官致祭，照旗员二品大臣例，世袭骑都尉。子无咎现任蒲河营都使。同时有马全、牛天界者，皆山西人，官提督，与大经同时殉难而死尤烈，恤赠有加，全子国锐现官泽州营都司。

13.《清史稿·关退年传》

关退年，字鹤亭，由进士历吏部主事员外郎，升礼部郎中，充已酉会，诚同考官所取，极一时之选。阮公元，那么彦成皆出其门。而三荐阮元事尤为脍炙人口。阮元学识渊博，所作文多不能解，退年荐之再，主司摈之再，乃取中文黄故逐一注明，主司始叹服。后出为广西平府知府。惜后代凌夷，政迹莫考云。

14.《清史稿·常恒昌传》

常恒昌，字芸阁，由翰林庶吉士历授河南、厂东道监察御史，寻转户科给事中，累居言职，多所指陈，奏各省命案，州县官恐递解陪累，率多设法消弭，及冤民上控。大吏又徇庇州县，仍发原官覆审，覆盆之冤何由昭雪。又奏近来州县听论，遇良善殷实之户，被人指控者，多视为奇货，不肯迅速断结，且枝生节外，索瘢指疵，阳被以下不题之名，阴济其无厌之欲，因之奸胥蠹役勒索百般，佐贰教职等官，亦借以染指分肥，扶同干予，遂使力诎者荡产倾家，怀愤者轻生殒命，病民之政莫大於是。两奏均蒙俞允。复秦晋省借易仓谷，扰累滋弊，名为接济民食，实则俊削民财，名为出陈易新，实则挪新掩旧云云，尤为切中时弊。

其他敷奏得旨允行者甚多，一时想望风采。出为云南迤西道管理铜政，适汉回民争利械斗，聚众杀伤，恒昌驰往解定，不烦一兵而渠魁伏法。升福建按察使，旋擢浙江布政使。时英夷定海，宁波等郡县，恒昌朝夕防堵，总理军需供应无绌。定海难民丛聚省垣捐贮以给其食。浙省粮米半资，湖广

260

道途既梗，民食维艰。恒昌预於军饷中别米十余万石以应匮乏，全活尤众。先是恒昌在福建因防隋英夷，积劳致疾，至是戎马交驰，精力益困，复与执事者议和战意不合，遂乞骸骨归，居乡数载以病卒。所著有《静轩遗稿》，未梓。

后 记

2012年4月16日，住房和城乡建设部、文化部、国家文物局、财政部联合发布《关于开展传统村落调查的通知》。通知中指出："我国传统文化的根基在农村，传统村落保留着丰富多彩的文化遗产，是承载和体现中华民族传统文明的重要载体。由于保护体系不完善，同时随着工业化、城镇化和农业现代化的快速发展，一些传统村落消失或遭到破坏，保护传统村落迫在眉睫。开展传统村落调查，全面掌握我国传统村落的数量、种类、分布、价值及其生存状态，是认定传统村落保护名录的重要基础，是构建科学有效的保护体系的重要依据，是摸清并记录我国传统文化家底的重要工作"。的确如此，传统村落调查是传统村落保护的基础。保护传统村镇，并不是保护所有的传统村镇，而是保护有价值、有特色的传统村镇。保护所有的传统村镇是不太现实的，似乎也没有必要。所以，保护传统村镇的第一件事就是在广泛调查的基础上，甄别类型，摸清家底，评估价值，明确保护传统村镇的名录。调查是一项系统工程，费时耗力，必须依靠行政力量。同样，对于单个传统村镇而言，其调查研究也是一切保护工作的基础。

我们课题组对于大阳镇的调查从2011年10月初开始，前后持续了将近一年。在大阳镇的调查和研究过程中，我们得到各方面的帮助和支持。山西省住房和城乡建设厅厅长李俊明、总规划师李锦生等领导对这套丛书给予了高度重视和积极支持。城建处处长张海同志（原村镇处处长）对本书的定位、框架提出了许多宝贵意见和具体指导。村镇处处长于丽萍同志为了保证调查研究工作的顺利开展，做了大量的组织和协调工作。先后参加大阳古镇调查的硕士研究生和高年级本科生有石玉、于代宗、李迅、董竞瑶、刘吉利、李天任等。大阳镇党委书记刘建云、镇长刘廷兵、副书记韩安阳等对我们的调查研究给予了多方面的支持和帮助。大阳镇吴永生同志通读全书，提出很多修改建议。在此，一并表示真诚的谢意。

本书由薛林平、李迅、董竞瑶、刘吉利、李天任、于丽萍分别撰写或整理了相关内容，最后由薛林平统一修改定稿。想必书中还会有这样或那样的遗漏、不妥、错误之处，恳请各界学者及广大读者批评指正。

薛林平

北京交通大学建筑与艺术系

2012年8月20日